刘　洋　张寒旭◎主编

珠三角国家创新型城市建设的
实践与探索

ZHUSANJIAO GUOJIA
CHUANGXINXING CHENGSHI JIANSHE DE
SHIJIAN YU TANSUO

中国财经出版传媒集团

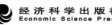

经济科学出版社
Economic Science Press

·北京·

图书在版编目（CIP）数据

珠三角国家创新型城市建设的实践与探索／刘洋，
张寒旭主编．--北京：经济科学出版社，2023.12
ISBN 978 - 7 - 5218 - 5448 - 0

Ⅰ.①珠… Ⅱ.①刘… ②张… Ⅲ.①珠江三角洲 -
城市建设 - 国家创新系统 - 研究 Ⅳ.①F299.276.5

中国国家版本馆 CIP 数据核字（2023）第 252448 号

责任编辑：杜 鹏 武献杰 常家凤
责任校对：刘 昕
责任印制：邱 天

珠三角国家创新型城市建设的实践与探索
刘 洋 张寒旭◎主编
经济科学出版社出版、发行 新华书店经销
社址：北京市海淀区阜成路甲 28 号 邮编：100142
编辑部电话：010 - 88191441 发行部电话：010 - 88191522
网址：www. esp. com. cn
电子邮箱：esp_bj@ 163. com
天猫网店：经济科学出版社旗舰店
网址：http://jjkxcbs. tmall. com
固安华明印业有限公司印装
710 × 1000 16 开 10. 25 印张 160000 字
2023 年 12 月第 1 版 2023 年 12 月第 1 次印刷
ISBN 978 - 7 - 5218 - 5448 - 0 定价：79. 00 元
（图书出现印装问题，本社负责调换。电话：010 - 88191545）
（版权所有 侵权必究 打击盗版 举报热线：010 - 88191661
QQ：2242791300 营销中心电话：010 - 88191537
电子邮箱：dbts@ esp. com. cn）

编写委员会

主　编：刘　洋　张寒旭
副主编：盘思桃　罗梦思
编　委：徐　瑞　张树锋

前　　言

　　党的二十大报告指出，我国已进入创新型国家行列，并提出到 2035 年进入创新型国家前列。建设创新型城市是贯彻落实党中央、国务院关于增强自主创新能力、建设创新型国家战略部署的重要举措，是加快国家和区域创新体系建设、推动城市创新发展的积极探索。创新型城市在健全创新系统、整合社会资源、提升效益效率、引领经济社会发展等方面发挥了引领和示范作用。进入新发展阶段，探索城市创新发展新模式、新路径，进一步提升创新型城市建设水平，对于实现高水平科技自立自强、加快进入创新型国家前列具有重要意义。

　　当前，珠三角地区已成功创建四个国家创新型城市，创新实力突出，建设成效显著。深圳作为我国首个创新型城市试点，走出了一条"以产业创新牵引科技创新，以科技创新推动产业创新"的具有深圳特色的自主创新发展之路。广州作为沿海开放城市和综合改革试验区的中心城市，实现了从现代化大都市向国际科技创新枢纽的转变。佛山、东莞依托制造业和科创优势，被广东省委、省政府分别赋予建设制造业创新高地和打造科创制造强市的重要使命。近年来，珠海、惠州、中山、江门、肇庆也提出创建国家创新型城市目标，力争纳入国家创新型城市试点。本书在借鉴国内外创新型城市建设经验的基础上，梳理总结珠三角四个国家创新型城市的实践亮点，探索珠三角创新型城市建设的总体布局，提出珠三角城市特色化差异化的创新发展路径，以期形成优势互补、协作互动的发展格局，推动珠三角地区率先建成领先全国的创新型城市群。

本书分为概述篇、借鉴篇、实践篇和探索篇，共 10 章。概述篇包括第 1 章、第 2 章，主要对创新型城市的基本内涵、构成要素、建设模式等相关理论研究进行综述，重点阐述我国创新型城市建设概况、主要做法和成效，由盘思桃、徐瑞执笔。借鉴篇包括第 3 章、第 4 章，主要以纽约、波士顿、北威州、特拉维夫，以及杭州、南京、西安、苏州等国内外城市为研究对象，分析总结了国内外创新型城市的发展经验，由盘思桃、张树锋执笔。实践篇包括第 5 章、第 6 章、第 7 章、第 8 章，深入分析了深圳、广州、佛山、东莞四个珠三角创新型城市的建设历程，总结凝练了经验亮点，由张寒旭、罗梦思执笔。探索篇包括第 9 章、第 10 章，在分析珠三角九市科技创新实力的基础上，提出珠三角创新型城市建设的总体布局、重点举措和推进路径，并针对各个城市差异化、特色化发展提出针对性对策建议，由刘洋、张寒旭、罗梦思执笔。全书由刘洋和张寒旭负责策划、统稿、审稿，盘思桃、罗梦思负责具体的整理和修编。

本书在编写过程中，参阅了大量文献资料和政府有关部门的文件、报告，获得了广东省科学技术厅以及东莞、佛山、珠海、惠州、江门、肇庆等市科技部门一手材料的支持，在此一并表示衷心感谢。

编 者

2023 年 2 月

目　录

概　述　篇

借 鉴 篇

实 践 篇

概述篇

| 第 1 章 |

创新型城市概述

　　创新型城市是知识创新、技术创新和产业创新呈现出密集型和常态化特征的城市发展形态，是城市发展知识化和高级化的产物。对创新型城市的概念内涵、基本特征、构成要素、成长阶段和建设模式等研究成果进行梳理总结，有助于我们认识和把握城市创新发展的规律，为我国建设创新型城市提供理论依据。

1.1　创新型城市的基本内涵

　　从文献研究来看，创新型城市的英文表述有两种："creative city"和"innovative city"。埃文斯（Evants，2009）和普拉特（Pratt，2011）等学者认为，"creative city"强调通过提出创造性办法解决城市发展面临的问题。黄宝金（Poh Kam Wong，2005）、陈和卡尔万（Chen and Karwan，2008）等学者认为，"innovative city"强调通过创新驱动城市发展，主要研究"创新"作为驱动力的一种城市发展模式，这一表述与国内学者关于创新型城市研究的主流含义一致。如杨冬梅（2006）认为，创新型城市是在新经济条件下，以创新为核心驱动力的一种城市发展模式；一般是由区域科技中心城市发展演变形成，是知识经济和城市经济融合的一种城市演变形态。贺莉（2007）认为，创新型城市是以创新文化和创新体系为基础、制度创新为前提、科技创新为动力、产业创新为核心的不断依靠创新调整经济结构、转变经济增长方式并最终提高综合竞争力的城市。郄海拓等（2020）认为，创新型城市是具备自主创新能力、以科技创新为核心驱动力和经济增长点的一种以城市全面发展为目标的、可持续发展的城市建设新模式，涉及高质量的知识人才、高比例的研发投入、高效和针对性强的政策支持、高水平的科技创新基础设施、包容和多元的创新文化等方面。

科学技术部、国家发展改革委等国家部委在对创新型城市建设工作的谋划部署过程中，也对创新型城市的内涵进行了相关界定，根据科学技术部《关于进一步推进创新型城市试点工作的指导意见》，创新型城市是指自主创新能力强、科技支撑引领作用突出、经济社会可持续发展水平高、区域辐射带动作用显著的城市。根据科学技术部、国家发展改革委《关于印发建设创新型城市工作指引的通知》，创新型城市是以科技创新为经济社会发展的核心驱动力，拥有丰富的创新资源、充满活力的创新主体、高效的创新服务和政府治理、良好的创新创业环境，对建设创新型省份和国家发挥显著支撑引领作用的城市。

本书对创新型城市内涵的解析是基于"innovative city"的概念，立足于我国建设创新型国家的战略目标，结合国家部委、学者等对创新型城市的内涵界定，对创新型城市的内涵主要从以下三个角度进行解析：第一，从城市发展的驱动力上看，创新型城市是以创新为核心驱动力的一种城市发展模式，这里的"创新"强调自主创新能力；第二，从创新的驱动要素上看，创新型城市具体包含创新主体、创新资源、创新服务、创新环境等创新要素，这些要素之间整合、联系组成了一个复杂的城市创新系统；第三，从创新驱动城市发展结果上看，创新型城市要在引领经济社会全面发展、支撑区域协同创新和协调发展等方面发挥重要作用，为我国建设创新型国家提供坚实支撑。

1.2 创新型城市的基本特征

1.2.1 创新性

创新性主要表现为城市发展理念的创新和发展模式的创新。城市发展理念决定了一个城市的发展前景和路径选择，创新性的发展理念是创新型城市发展的前提，对城市整体发展构想、部署创新规划、指导创新实践具有重大意义。发展模式的创新性主要表现在以知识创新、技术创新、制度创新和文化创新的综合创新，强调以自主创新推动城市发展，营造浓厚创新氛围。

1.2.2　系统性

从系统学角度来看，创新型城市是一个规模庞大、关系复杂、影响因素众多的城市创新系统。创新主体、创新资源、创新制度、创新环境、创新文化组成城市内部创新系统，并在集聚和配置创新资源的基础上，不断自我调节平衡，形成城市持续创新能力，推动建立创新驱动的集约型经济增长。

1.2.3　聚集性

聚集性主要表现为创新主体与创新资源的集聚及深度融合，形成以市场需求为导向、企业为主导的产学研合作模式，支撑城市经济社会发展。企业、高校、科研院所等创新主体积极开展合作与交流，推动人才、资金、信息、技术等创新要素的集聚，形成关于创新的集聚效应、规模效应和扩散效应。

1.3　创新型城市的构成要素

城市的构成要素包括个人、企事业单位、政府等城市主体，以及建筑、道路等城市基础设施，还有城市文化、制度等诸多要素。创新型城市的建设同样需要一定的要素支撑，其中创新要素是必不可少的构成要素，主要是指与创新相关资源的组合，包括支持创新的人、财、物，以及将三者组合的体制机制。现有文献从不同维度分析了创新型城市的构成要素（见表 1 - 1），本书基于目前文献研究与创新型城市建设实践，将创新型城市构成要素归纳为六个基本要素：城市创新主体、城市创新资源、城市创新载体、城市创新服务、城市创新环境和城市创新通道。

表 1-1 创新型城市的构成要素

主要学者	主要维度	构成因素
杨冬梅（2006）	内部创新	创新主体、创新资源、创新制度、创新文化
叶帆（2006）	知识产品的流动、扩散和应用	产业创新、基础设施创新、制度创新、环境和文化创新、人才创新
韩瑾（2007）	各要素之间的整合和协同作用	主体要素（指创新活动的主体）、功能要素（指创新主体在创新方面的自我管理机制和活动协调能力）、环境要素（即体制环境、市场环境、社会文化环境、基础设施环境和有关资源的保障条件等）
夏天（2010）	外部驱动	消费需求、市场竞争、创新环境、政策激励
	内部驱动	创新投入、创新人才、企业家精神、企业文化
马有才等（2013）	创新型城市系统动力学模型	创新主体要素系统（企业、大专院校、科研院所）、创新资源要素系统（人力、物力、财力、知识）、创新支撑要素系统（城市基础设施、法律法规、创新文化、中介机构、金融机构）
魏亚平（2014）	创新驱动要素	主体要素、资源要素、效应要素、环境要素

资料来源：根据公开文献整理。

（1）城市创新主体包括企业、高校、研究机构、政府等，作为创新型城市建设和运行的行为主体和基本要素，通过协同互动，形成以企业为主体、产学研结合的城市创新体系，政府则在基础设施、社会环境、宏观政策等方面提供创新支持。

（2）城市创新资源包括人才、信息、知识、技术、资金等，是城市创新资源集聚的重要表现，也是实现创新活动的基础支撑。通过整合并优化配置城市创新资源，支撑城市创新主体，提升创新能力。

（3）城市创新载体包括国家自主创新示范区、科学城、高新区、经济技术开发区、产业转移示范区、农业科技园区等载体，是城市各类创新行为和活动，以及创新企业、创新机构、创新平台的基本依托。

（4）城市创新服务包括金融服务、知识产权服务、创业服务、技术交易服务、技术咨询服务、科技法律服务、制度政策服务等专业化的创新服务，是城市科技创新、知识产出、成果转化等顺利实施的重要保障。

（5）城市创新环境包括软环境和硬环境。软环境主要指创新政策、法律法规、创新文化等，通过政策、法规等形成完备的创新机制，保障城市创新体系有效运转，通过营造创新氛围，形成城市创新文化，为维系和促进创新活动提供基本环境。硬环境主要指城市基础设施、科研设施等外部环境，为城市创新提供重要的物质支撑。

（6）城市创新通道是指城市内外主体之间的连接通道、城市创新主体同国内和国际上其他城市之间的制度联系通道，这些通道建设对城市创新能力的提升和参与全球创新竞争具有重要的支撑作用。如长江三角洲一体化发展、京津冀协同发展、长江经济带发展、粤港澳大湾区建设等国家区域战略，通过促进要素有序流通，有效激发区域发展活力，提升城市创新能力。

本书构建了创新型城市的构成要素（见图 1-1）。创新型城市的创新活动主要由创新主体完成，创新主体是创新型城市中最重要的驱动要素，创新资源、创新载体、创新服务是构成创新主体开展创新活动的支撑要素，创新环境、创新通道是激发城市创新活力的环境要素。六大要素相辅相成，密切互动，推动城市创新系统的有效运行，形成持续创新能力。

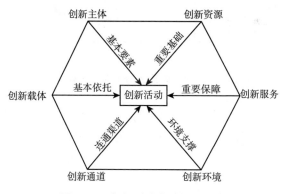

图 1-1 创新型城市的构成要素

1.4 创新型城市的成长阶段

城市建设发展是一个历史演进的过程，创新型城市作为城市发展的一种形态，其发展演变也遵循城市发展的一般规律，同时也是内生驱动力不断转换和升级的过程。国内学者杨冬梅（2006）借鉴生命周期理论，以工业化初期作为起点，把创新型城市的形成和发展分成萌芽、起步、成长和成熟四个演进阶段，并从驱动要素、基础条件、创新主体、创新方式等方面阐述不同阶段的发展情况。陈志刚等（2008）把创新型城市发展阶段和形态划分为停滞、萌芽、起步、成长、成熟、分化六个阶段，并分析每个阶段的创新意识水平和能力。本书基于目前理论成果，重点总结创新型城市萌芽、起步、成长和成熟四个成长阶段，如图1–2所示。

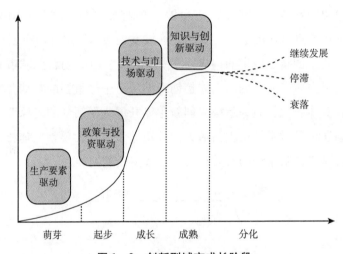

图 1 – 2　创新型城市成长阶段

在萌芽阶段，城市发展主要依靠资本、劳动力等生产要素驱动，产业整体基础较为薄弱，以劳动密集型产业为主；创新模式单一，尚未形成创新系统和创新文化，城市化水平不高。政府对城市发展模式转型开始关注，开始鼓励和支持创新，通过投资建设基础设施、引进技术与人才等举措推动经济和产业结构升级，为城市创新提供基础和积累资源。

在起步阶段，城市发展主要依靠政策与投资驱动，劳动密集型产业、资本密集型产业并存，知识密集型产业开始出现，产业集群成长迅速，商业环境得到改善。城市集聚资源的能力加强，高校、科研院所是创新的主体，企业在创新活动中体现了一定的自主性，能够引进和消化较高端的技术。政府是创新的主要推动者，通过营造促进创新的政策环境、加大人才引进和培育力度、支持企业技术创新等举措，着力培育发展城市创新主体、集聚创新资源。

在成长阶段，技术与市场驱动效应凸显，城市化水平迅速提高，高技术产业逐渐占据主导地位，金融、咨询等现代服务业迅速发展，产业集群的创新能力显著增强。自主创新能力不断提升，拥有一流高校或研究机构，对人才吸引力较强；高校、研究机构、企业等成为创新主体，产学研合作紧密。创新文化开始形成，政府是创新环境的主要营造者，通过完善创新管理制度、加大研发支持力度、推动科技成果转化、引导风险投资流向高科技企业等举措，不断优化城市创新环境。

在成熟阶段，知识与创新驱动发挥主要作用，基本形成以知识为驱动的经济体系，创新文化成为城市的基础文化氛围，城市演变成为创新型城市。高技术制造业、现代服务业成为主导产业，对产业高质量发展提出更高需求；创新策源功能凸显，拥有一批一流高校和研究机构，高层次人才大量集聚；企业的创新主体地位进一步凸显，创新能力强且具备持续性。政府注重对创新的宏观引导，着力完善创新环境、构建创新体系、宣传创新文化，强化整个城市的创新中心和创新服务功能，塑造创新型城市品牌。

随着科技革命和产业变革的不断深化，在全球和区域环境下，城市发展处于不断变化中，由于自身发展情况不同，并非每个城市在创新型城市建设过程中都逐一经历这四个阶段，且各个阶段的持续时间也因地而异。在创新型城市发展到一定阶段后，由于遭遇重大技术瓶颈等原始创新需求，一些创新基础能力较强的城市会通过布局重大科技基础设施、加强基础研究投入、引进科技领军人才团队等，继续以创新引领高质量发展，也有一些创新基础薄弱的城市在创新发展过程中未能准确把握发展方向，导致创新人才的流失和产业的衰落，从而进入停滞发展或衰落等阶段。

1.5　创新型城市的建设模式

城市的发展模式，具体是指通过不同要素主导城市的发展方向，并形成一种维持系统。目前学者对创新型城市建设模式研究有很多不同观点，主要从城市资源禀赋、主导力量、城市等级、建设内容、驱动要素等对创新型城市的发展模式进行划分。虽然从不同分类依据产生了众多分类方式，但本质上都是依据城市的要素资源和城市战略定位等具体情况形成建设模式。本书主要总结了国内学者对创新型城市建设模式的分类和特点（见表1-2）。对于具体城市而言，最重要的是明确自身优势特征并选择适宜的创新型城市建设路径。

表1-2　　　　　　　　　创新型城市的主要建设模式

主要学者	分类依据	建设模式	主要特点	代表地区或城市
杨冬梅 （2006）	规模和地位	世界级创新中心城市模式	在金融、商业、服务、娱乐等产业具备国际优势地位，是全球知识和学习的中心，拥有开放和多样化的环境	伦敦、纽约、巴黎
		区域创新中心城市模式	本国或地区的首都和重要城市，有较高知名度，经济科技实力相对较强，基础设施完善	赫尔辛基、斯德哥尔摩、墨尔本
		非中心创新城市群模式	由经济区内若干中小型城市组成，通过联合产生协同创新效应，凸显群体创新特性	英国非核心城市群、日本关西创新城市群
	主导产业	高技术制造业创新中心城市模式	以高科技产业为支柱，以科技园区或创业园为主要载体，带动整个区域的发展	美国硅谷圣何塞地区、波士顿128号公路地区
		知识密集型服务业创新中心城市模式	以创新型服务业、文化娱乐业、创意产业等知识密集的产业为主导，具有浓厚的文化特色和显著的品牌效应	西雅图、大阪
	文化背景	单元文化下的创新型城市	处于某种较强的文化氛围之中，科技实力雄厚、创新活力强，但外来人口有限，无法形成具有影响力的外来文化环境	东京
		文化交融下的创新型城市	外来人口众多，文化多样性显著，通常称为区域交通枢纽和商业网络节点，是企业开展跨国经营的首选总部设立地点	新加坡

续表

主要学者	分类依据	建设模式	主要特点	代表地区或城市
杨冬梅 (2006)、 贺莉 (2007)	政府与市场	政府主导型发展模式	依靠自上而下力量，由政府制定创新型城市建设的战略和政策措施，以及投资建设基础设施	发展中国家
		市场主导型发展模式	依靠自下而上力量，由市场配置资源，政府主要营造创新环境	发达工业化国家
		混合型发展模式	自上而下和自下而上相结合，利用市场机制推动创新要素流向城市，政府完善城市的公共设施	从长远来看，创新型城市建设逐渐趋向该模式
王兵兵和 魏达志 (2013)	城市资源禀赋与创新方式	基于科技资源的创新型城市	拥有国际一流的大学和研究机构等科技资源基础，具有雄厚的科技实力、较强的创新能力和明显的科技产业优势	硅谷、渥太华、班加罗尔
		基于文化资源的创新型城市	城市创新发展偏重于文化产业，通过文化艺术领域创新，打造全新的城市发展形态	巴黎、伦敦
		基于服务资源的创新型城市	着力发展服务型经济，为全球经济发展提供各种跨国服务	纽约、柏林、东京
	城市创新产业与内涵	高科技型制造业创新模式	以高科技型制造业为主导产业，大力发展相关的生产性服务业，以科技园区为载体	美国硅谷圣何塞地区、波士顿128号公路地区
		知识密集型服务业创新模式	以研发、咨询、金融、科技中介、IT服务、创意产业等新兴产业为主导，产业集聚群为创新策源地	西雅图、维也纳、哥本哈根、新加坡
许爱萍 (2013)	资源禀赋条件	政策带动型	在创新型城市建设初期阶段表现明显，由政府制定明确的创新型城市发展战略，并自上而下推行	发展中国家
		研发驱动型	创新行为的主动权完全由企业、大学以及各研发机构掌握，政府在其中起到规范市场秩序、协调创新资源的作用	波士顿

主要学者	分类依据	建设模式	主要特点	代表地区或城市
许爱萍 （2013）	资源禀赋条件	创新产业集聚型	在区域内形成高新技术产业的高度聚集，政府为创新活动提供制度保障、激励作用	德国鲁尔工业区
		创意驱动型	经济高度发达和繁荣，城市创新文化氛围浓厚，以知识密集产业为主导；城市体现出宽容的包容力	新加坡

资料来源：根据公开文献整理。

第 2 章

我国创新型城市建设概况

2.1 我国创新型城市的发展历程

2005 年，党的十六届五中全会通过《中共中央关于制定国民经济和社会发展第十一个五年规划的建议》，提出要"努力建设创新型国家"，明确将建设创新型国家作为未来目标，并制定了长期战略。自此，国内各地对创新型城市建设展开了热烈讨论与研究，并积极推动在各地开展实践。2006 年 1 月 4 日，深圳市委、市政府作出了《关于实施自主创新战略建设国家创新型城市的决定》，率先探索创新型城市建设。2008 年，经国家发展改革委批准，深圳成为全国第一个创新型城市试点，开启了我国创新型城市建设的序幕。2010 年，国家发展改革委和科学技术部先后发布《关于推进国家创新型城市试点工作的通知》和《关于进一步推进创新型城市试点工作的指导意见》，从宏观层级积极部署创新型城市建设。为进一步有效指导和推进全国创新型城市建设，2016 年，科学技术部和国家发展改革委联合印发了《建设创新型城市工作指引》，提出各城市应根据本地实际和特色，扬长避短，有选择性地确立发展方向、制定发展任务、明确发展重点，探索形成各具特色的创新发展模式和横向错位发展、纵向分工协作的发展格局，并从改革政策、创新要素集聚、创新成果转化、创新企业培育、创新载体建设、创新人才激励、创新服务完善、创新投入带动、创新对社会民生支撑、创新生态营造十个方面给出了具体要求。2018 年、2022 年国家部委发文继续支持新一批城市开展创新型城市建设。截至 2022 年，全国创新型城市试点累计达到 103 个。①

我国创新型城市建设主要事件如表 2 - 1 所示。

表 2 - 1　　　　　　　　　我国创新型城市建设主要事件

时间	主要事件
2005 年 10 月	党的十六届五中全会通过《中共中央关于制定国民经济和社会发展第十一个五年规划的建议》，明确提出"努力建设创新型国家"
2006 年 1 月	国务院发布《关于实施科技规划纲要增强自主创新能力的决定》，对组织实施《国家中长期科学和技术发展规划纲要（2006 - 2020 年）》进行了全面部署，提出"建设创新型国家"的重大战略决策
2008 年 6 月	国家发展改革委批准将深圳列为全国第一个创建国家创新型城市试点，开启了我国创新型城市建设的序幕
2010 年 1 月	国家发展改革委印发《关于推进国家创新型城市试点工作的通知》，同意大连市、青岛市、厦门市、沈阳市、西安市、广州市、成都市、南京市、杭州市、济南市、合肥市、郑州市、长沙市、苏州市、无锡市、烟台市共 16 个城市开展创建国家创新型城市试点
2010 年 4 月	科学技术部发布了《关于进一步推进创新型城市试点工作的指导意见》和《创新型城市建设监测评价指标（试行）》，进一步加强对创新型城市试点工作的推动和指导
2016 年 5 月	习近平总书记在全国科技创新大会、中国科学院第十八次院士大会和中国工程院第十三次院士大会、中国科协第九次全国代表大会上作出要尊重科技创新的区域集聚规律，建设若干具有强大带动力的创新型城市和区域创新中心的重要指示
2016 年 12 月	科学技术部和国家发展改革委联合印发《建设创新型城市工作指引》，对创新型城市建设作出系统部署，公布了累计 61 个创新型城市试点建设名单，并初步形成建设创新型城市指标体系，推动试点城市建设及验收评估工作
2018 年 4 月	科学技术部和国家发展改革委联合发布《关于支持新一批城市开展创新型城市建设的函》，支持吉林市、徐州市、绍兴市、金华市、马鞍山市、芜湖市、泉州市、龙岩市、潍坊市、东营市、株洲市、衡阳市、佛山市、东莞市、玉溪市、拉萨市、汉中市共 17 个城市开展创新型城市建设

① 根据 2016 年、2018 年科学技术部和国家发展改革委联合印发的《建设创新型城市工作指引》《关于支持新一批城市开展创新型城市建设的函》，以及 2022 年科学技术部印发的《关于支持新一批城市开展创新型城市建设的通知》等文件公布的创新型城市统计所得。

续表

时间	主要事件
2021 年 6 月	科学技术部在南京组织召开国家创新型城市建设工作推进会，提出要把创新型城市作为实现科技自立自强，加快创新型国家、科技强国建设的战略支点
2022 年 1 月	科学技术部印发《关于支持新一批城市开展创新型城市建设的通知》，支持保定市、邯郸市、宿迁市、淮安市、温州市、台州市、淄博市、威海市、日照市、临沂市、德州市、汕头市、长治市、滁州市、蚌埠市、铜陵市、新余市、新乡市、荆门市、黄石市、湘潭市、柳州市、绵阳市、德阳市、营口市共 25 个城市开展创新型城市建设

资料来源：根据公开资料整理。

2.2　我国创新型城市建设的主要做法

2.2.1　优化总体布局，加强组织领导

我国创新型城市建设主要结合国家发展总体布局和区域发展战略，由科学技术部、国家发展改革委等对创新型城市进行总体布局和统筹协调，分期分批启动创新型城市试点工作。早在 2005～2006 年，我国作出"建设创新型国家"的重大决策部署，2008 年深圳率先成为第一个创新型城市试点，到 2010 年在部分具有代表性和影响力的先进城市增加 16 个创新型城市试点。2016 年，中共中央、国务院印发《国家创新驱动发展战略纲要》，提出到 2020 年建成创新型国家的战略目标，进一步掀起了创新型城市建设的热潮。同年，统筹考虑东、中、西部及东北部区域布局，公布了累计 61 个创新型城市试点建设名单。2018 年、2022 年相继开展了新一轮创新型城市试点，创新型城市建设逐步推开。截至 2022 年，纳入创新型城市试点城市达到 103 个，占全国 333 个地级行政区数量的 30.9%。①

在国家战略决策部署和创新型城市试点总体布局下，各城市也相继提出建设创新型城市的战略目标和重点任务，将自主创新作为未来创新型城市建

① 资料来源：地级行政区数量来自《中华人民共和国二〇二二年行政区划统计表》。

设实现可持续发展的重要战略首选。为统筹推进创新型城市建设，加强自主创新工作的领导，各城市在实践中也充分发挥政府的规划引导和协调监督作用，组建了由市领导担任组长的领导小组指导创新型城市建设。如深圳市2008年在《深圳国家创新型城市总体规划（2008－2015）》中明确提出成立深圳市国家创新型城市领导小组；东莞市2019年在《东莞市人民政府关于贯彻落实粤港澳大湾区发展战略 全面建设国家创新型城市的实施意见》中明确提出发挥国家创新型城市建设工作领导小组作用，加强创新型城市建设的统筹协调和顶层设计。

2.2.2 实施政策指引，加强监测评价

为推动各城市探索突出自身优势特色的创新发展模式，科学技术部、国家发展改革委等有关部门印发相关指导意见，加强对创新型城市试点工作的推动和政策指导。2010年，科学技术部、国家发展改革委分别印发《关于进一步推进创新型城市试点工作的指导意见》和《关于推进国家创新型城市试点工作的通知》，明确了创新型城市建设的重要意义、总体要求、主要任务和组织实施等，指导推动各试点城市加强创新型城市建设。2016年，为进一步发挥各地在创新发展中的积极性和主动性，科学技术部、国家发展改革委联合印发《建设创新型城市工作指引》，从改革政策、创新要素、成果转化、企业培育、载体建设、人才激励、服务完善、投入带动、民生支撑、生态营造等方面明确发展重点。

同时，科学技术部和国家发展改革委建立了创新型城市建设监测评价指标体系，围绕创新要素集聚能力、综合实力和产业竞争力、创新创业环境、创新对社会民生发展的支撑、创新政策体系和治理架构等方面设立若干考核指标，以及设立特色指标，由各城市根据发展实际和特色优势自行提出，通过指标监测和社会调查等方式加强对建设进程的监测，总结创新型城市建设过程中的问题和经验。在国家部委的政策指引下，各试点城市也纷纷制定关于创新型城市建设的意见或工作方案，出台系列创新扶持政策，建立创新评估考核机制，大力推进创新型城市建设。如济南市出台了《济南市创建国家

创新型城市若干政策》，从加大自主创新投入、支持企业提高自主创新能力、加快重大自主创新成果转化和优势产业创新发展、支持科技创新基地和平台建设、支持创新人才培养和引进等方面提出支持创新型城市建设的具体措施；深圳市推出《自主创新型城市评价指标体系》，考核范围包含创新环境、创新主体以及创新绩效三大领域，由 12 类共 60 个代表性指标组成。

2.2.3　健全创新体系，强化企业主体地位

以国家战略需求为导向，通过构建多层次、各具特色的城市创新体系，有力支撑创新型国家建设。各城市前瞻布局，围绕产业链布局创新链，加强对高水平教育、实验室以及各类研究机构的建设和引进，提升城市创新人才、技术等供给水平，搭建科技创新综合服务平台，增强创新服务能力，助力各类创新主体高效运营、成果转化和可持续发展，形成以企业为主体、各类创新研发资源相辅相成的创新体系。如北京市提出构建能够有效推进城市综合创新的城市创新体系；上海市提出以加快企业创建为主体的技术创新体系；天津市提出以产业结构三高（高端、高质、高新）化发展的城市创新体系，建设"智慧经济城、创新先导城"；青岛市提出"塔形创新体系"，旨在通过搭建"塔尖"（国家级院所、研发中心、实验室）、"塔身"（一般院校、大企业）、"塔基"（中小企业、广大市民等社会力量）有机融合的集成化系统，整合资源有效地推动创新型城市建设。

企业作为城市自主创新以及市场经济主体，充分发挥其在技术创新中决策、投入、组织及应用的主体作用，有利于进一步提升城市创新效率。经过十几年创新型国家建设，进一步确立了企业在国家创新体系中的主体地位。2013 年，国务院办公厅发布了《关于强化企业技术创新主体地位 全面提升企业创新能力的意见》，提出从创新能力建设、协同创新机制等方面全面推进企业科技创新。近年来，各城市加强企业培育的顶层设计，着力开展企业的引进孵化，优化企业创新发展环境，以引导企业研发投入、推动企业研发机构建设为突破点，不断提升企业研发水平，培育出一批自主创新能力强、在行业占据龙头地位的创新型企业。如温州市实施创新主体引培攻坚行动，

完善"众创空间—孵化器—科创园"科技企业培育体系,培育发展高新技术企业,遴选若干高新技术骨干企业进行重点扶持,重点增强企业自主创新能力。

2.2.4 完善创新机制,强化创新投入带动

深化科技、经济、政府治理等领域体制机制创新,最大限度释放创新活力,为创新型城市建设提供外部保障。进入新发展阶段,内外部环境发生深刻复杂的变化,体制机制改革成为推动全面创新发展的重要实践路径。2021年,国家发展改革委、科学技术部发布《关于深入推进全面创新改革工作的通知》,从构建高效运行的科研体系、打好关键核心技术攻坚战、促进技术要素市场体系建设和包容审慎监管新产业新业态等方面明确了推进科技体制改革和经济社会领域的重点任务。在建设创新型城市过程中,大多数城市也把体制机制创新作为重要突破口,如成都市的职务科技成果权属改革、西安市的科研院所股权激励及混合所有制改革、金华市和泉州市的人才引进、评价机制改革等。在此类体制机制改革下,高校、科研院所创新能力有效激活,科技人才创业活力充分激发,科技成果孵化载体快速发展,企业技术创新能力不断提升。

重视科技创新投入,强化金融助力科技创新,以创新投入助推城市高质量发展,为提升城市创新活力、增强创新主体创新能力提供有力保障。党的十八大以来,我国全方位加大创新投入,研发投入快速增长,不少城市通过设立各类创新专项基金加大创新投入,研发力量持续增强。如北京海淀区设立北京市自然科学基金——海淀原始创新联合基金,建设以中关村为核心,调动北京优势科技力量,围绕人工智能等多个领域和方向的专题研究,解决行业共性技术难题和前沿性问题;玉溪市出台《玉溪市实现 2020 年 R&D 经费投入占 GDP 2.5% 实施方案(试行)》,明确对科技型企业、有研发投入的企业、院士专家工作站等进行后补助;佛山市形成有力的科技金融支撑,以广东金融高新技术服务区和"千灯湖创投小镇"为载体,为佛山市制造业发展提供更加完善的投融资生态体系和多样化的金融产品,成为打通科技成果

转移转化"最后一公里"的重要力量。

2.3　我国创新型城市的分布特征

2016 年 12 月，科学技术部、国家发展改革委印发《建设创新型城市工作指引》，列出了 61 个已开展创新型城市试点建设的城市。2018 年 4 月，科学技术部、国家发展改革委发布《关于支持新一批城市开展创新型城市建设的函》，支持吉林市等 17 个城市开展创新型城市建设。2022 年 1 月，科学技术部发布《关于支持新一批城市开展创新型城市建设的通知》，支持保定市等 25 个城市开展创新型城市建设。截至 2022 年，我国在东、中、西及东北地区共有 103 个城市（区）被批复纳入国家创新型城市试点。

2.3.1　分布呈现群聚特征

从城市群分布角度看，创新型城市主要分布在长三角城市群、长江中游城市群、山东半岛城市群，三大城市群创新型城市试点数量达 46 个，占全国试点总数的 44.67%，其中长三角城市群有 22 个创新型城市，数量最多。京津冀城市群、中原城市群、粤闽浙沿海城市群、珠三角城市群、成渝城市群拥有的创新型城市试点次之；哈长城市群、辽中南城市群、关中平原城市群、北部湾城市群、天山北坡城市群、黔中城市群、滇中城市群、呼包鄂榆城市群、山西中部城市群、兰州 – 西宁城市群、宁夏沿黄城市群等城市群的核心城市零星分布若干创新型城市试点，如表 2 – 2 所示。

表 2 – 2　　　　　　　　　　创新型城市分布及数量

序号	城市群	创新型城市试点	数量
1	京津冀	北京、天津、秦皇岛、唐山、保定、石家庄、邯郸	7
2	长三角	上海、南京、无锡、常州、苏州、南通、盐城、扬州、镇江、泰州、杭州、宁波、嘉兴、湖州、绍兴、金华、台州、合肥、芜湖、马鞍山、铜陵、滁州	22

序号	城市群	创新型城市试点	数量
3	珠三角	广州、深圳、东莞、佛山	4
4	成渝	重庆、成都、德阳、绵阳	4
5	长江中游	武汉、黄石、襄阳、宜昌、荆门、长沙、株洲、湘潭、衡阳、南昌、景德镇、新余、萍乡	13
6	山东半岛	济南、青岛、济宁、烟台、潍坊、东营、淄博、威海、日照、临沂、德州	11
7	粤闽浙沿海	汕头、厦门、泉州、福州、温州	5
8	中原	郑州、洛阳、南阳、新乡、长治、蚌埠	6
9	关中平原	西安、宝鸡	2
10	北部湾	南宁、海口	2
11	哈长	哈尔滨、长春、吉林	3
12	辽中南	沈阳、大连、营口市	3
13	山西中部	太原	1
14	黔中	贵阳、遵义	2
15	滇中	昆明、玉溪市	2
16	呼包鄂榆	呼和浩特、包头	2
17	兰州 – 西宁	兰州	1
18	宁夏沿黄	银川	1
19	天山北坡	乌鲁木齐、昌吉、石河子	3
20	其他	连云港、西宁、徐州、龙岩、拉萨、汉中、宿迁、淮安、柳州	9

资料来源：根据公开资料整理。

2.3.2 近半数在东部地区

从分布区域看，我国 103 个创新型城市大多集中在东部地区，共有 50 个创新型城市试点，占比 48.54%；中部地区次之，有 25 个创新型城市试点，占比 24.27%；西部地区数量接近中部地区，有 22 个创新型城市试点，占比 21.36%；东北部地区数量最少，有 6 个创新型城市试点，占比仅 5.83%，如图 2 – 1 所示。

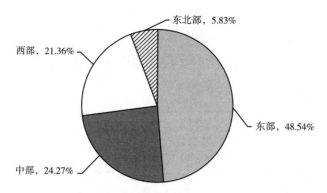

图 2-1　国家创新型城市/城区试点在东、中、东北、西部分布

资料来源：根据公开资料整理。

2.3.3　集中沿海发达省份

从沿海省份城市布局看，江苏省、山东省、浙江省、广东省、福建省等沿海发达省份共拥有 41 个创新型城市试点，约占全国的 40%，其中，江苏省和山东省创新型城市试点均超过 10 个，表现优异；安徽省拥有 6 个创新型城市试点，河北省和湖北省各拥有 5 个创新型城市试点，在中部省份中排在前列；对于西部地区而言，陕西省、新疆维吾尔自治区、四川省创新型城市试点均为 3 个。其他省份和直辖市，基本上仅有 1~2 个创新型城市试点，如图 2-2 所示。

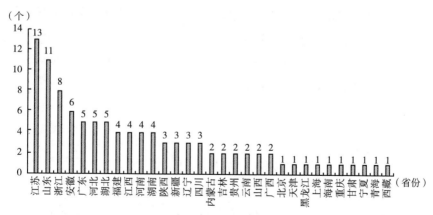

图 2-2　国家创新型城市/城区试点在各省份分布（2022 年）

资料来源：根据公开资料整理。

2.4 我国创新型城市的建设成效

创新型城市以创新作为引领发展的第一动力，在政府的高度谋划下，通过知识创新、制度创新、技术创新、文化创新等各方面的创新，打造了一批创新发展模式各具特色，对建设创新型国家建设发挥显著支撑引领作用的创新型城市。主要体现在以下方面。

2.4.1 创新驱动发展路径各具特色

根据中国科学技术信息研究所发布的《国家创新型城市创新能力评价报告 2019》，我国创新型城市在自身科技基础、资源禀赋、产业特征、区位优势和发展水平等条件下，探索形成了各具特色的创新发展模式。比如，以南京市、广州市、武汉市等为代表的科教资源富集型城市，以深圳市、无锡市、常州市等为代表的产业技术创新型城市，以杭州市、长沙市、成都市等为代表的创新创业活跃型城市，以苏州市、昆明市、贵阳市等为代表的开放协同创新型城市，以湖州市、太原市、马鞍山市等为代表的支撑绿色发展型城市。在创新型城市实践中，各城市以国家战略需求和总体布局为导向，坚持战略规划引领，加强重点任务部署，深化体制机制改革，积极营造创新环境，在强化科技创新策源功能、引领经济社会全面发展、优化创新创业生态、支撑区域协同创新和协调发展方面发挥了重要作用，为我国进入创新型国家行列提供了坚实支撑。

2.4.2 科技创新支撑能力显著提升

各城市通过推进政策落实，加大创新投入等方式鼓励创新活动，极大地促进了城市创新成果的产出和创新能力的提升。从创新产出来看，我国发表的国际论文数量、规模以上工业企业新产品销售额、专利申请量和授权量均有较大幅度的增长。与世界其他国家横向比较来看，根据中国科学技术信息研究所中国科技论文统计结果，我国科技创新产出质量与水平优势明显，国际论文数量连续十年排名世界第二位，科技期刊影响力有力提升[1]。从高技术产业发展和规模以上工业企业新产品销售情况来看，2020 年，我国规模以上工业企业新产品销售收入达到 23.8 万亿元[2]。从专利产出来看，2020 年国内专利申请量和授权量分别达到 501.6 万件和 352.1 万件[3]。2020 年，在世界知识产权组织发布的全球创新指数中，我国排名第 14 位[4]。此外，国家提出"科技惠及民生"，将一系列高科技成果应用到医疗、教育、交通等领域中，极大地提高了人民的生活水平。

2.4.3　企业创新主体作用持续增强

创新型城市建设注重扶持企业发展壮大，通过激励创新能力建设、完善协同创新机制、营造创新创业环境等方面全面推进企业科技创新，让企业在城市创新体系中的主体地位逐渐增强。从高新技术企业数量和发展质量来看，2005 年，我国高新技术企业数量为 43249 个，营业收入为 59714.1 亿元，实现工业总产值 55780.8 亿元。经过 15 年的发展，2020 年，我国高新技术企业数量达到 269896 个，增长约 5 倍，营业收入和工业总产值分别增长了 7.7 倍、5.6 倍（见表 2-3）。从企业研发投入情况来看，根据国家统计局公布的数据，2020 年，我国各类企业研究与试验发展（R&D）经费支出 18673.8 亿元，比上年增长 10.4%，增速超过了政府研究机构、高等学校等科技经费的支出速度，企业科技经费支出占比达 76.6%[5]。从企业国际影

---

① 中国科学技术信息研究所.2022 年中国科技论文统计报告发布［EB/OL］.（2022-12-29）［2023-02-08］. https：//www.istic.ac.cn/html/1/284/338/1292211314138981529.html.

② 国家统计局.规模以上工业企业的科技活动基本情况［EB/OL］.（2021-10-09）［2023-02-08］. http：//www.stats.gov.cn/sj/ndsj/2021/indexch.htm.

③ 国家知识产权局.2020 年知识产权统计年报.

④ 世界知识产权组织等.2020 年全球创新指数报告.

⑤ 国家统计局.2020 年全国科技经费投入统计公报［EB/OL］.（2021-09-22）［2023-02-08］. https：//www.gov.cn/xinwen/2021-09/22/content_5638653.htm.

响力来看，根据 2021 年《财富》世界 500 强排行榜，我国企业上榜数量达143 家，再次超过美国（122 家），蝉联榜首①。

表 2 - 3　　　　　　　　　全国高新企业主要经济指标

年份	企业数量 （个）	年末从业人员 （万人）	营业收入 （亿元）	工业总产值 （亿元）
2005	43249	1016. 1	59714. 1	55780. 8
2006	49166	1182. 6	76493	71840. 5
2010	31858	1313. 6	129505. 2	119022
2015	76141	2045. 2	222234. 1	189757. 5
2018	172262	3131. 6	389203. 7	288706. 3
2020	269896	3858. 8	520845	367111. 6

资料来源：科技部火炬高技术产业开发中心 . 2020 年全国高新技术企业主要经济指标［EB/OL］.（2022 - 01 - 10）［2023 - 02 - 08］. http：//www. chinatorch. gov. cn/kjfw/tjsj/202201/d4aebcba25b7447ca6f957b0c763e5af. shtml.

2.4.4　创新向制度和文化领域延伸

制度创新是科技创新的重要保障，创新文化是体现城市发展理念和营造创新氛围的内在动力。近年来，从中央到地方，政府不断深化体制机制改革，在国家战略规划与引导下，充分探索科技领域的制度创新，为创新型国家和创新城市建设营造了良好的制度环境。如深圳市探索建立符合大科学时代科研规律的科学研究组织形式，推出了科技计划管理改革 22 条举措，通过新设、整合、拓展、优化科技计划项目，形成总体布局合理、功能定位清晰的科技计划体系，为深圳创新发展注入改革动力。2021 年，国家发展改革委公布《关于推广借鉴深圳经济特区创新举措和经验做法的通知》，总结了构建全过程创新生态链等 5 方面共 47 条创新举措和经验做法，鼓励各地

---

① 人民日报海外版 . 2021 年《财富》世界 500 强榜单出炉 中企上榜数量领跑全球［EB/OL］.（2021 - 08 - 03）［2023 - 02 - 08］. http：//www. gov. cn/xinwen/2021 - 08/03/content_5629117. htm.

结合实际学习借鉴，深圳制度创新示范引领作用充分凸显。从创新文化来看，各城市根据自身发展目标形成了各具特色的创新文化和发展理念。如南京市提出着力打造"创新名城、美丽古都"，建设具有中国特色、时代特征、国际影响力的社会主义现代化创新名城。

借鉴篇

| 第3章 |

国外创新型城市的发展经验

世界各城市从自身实际情况出发，采取针对性的措施与策略，在创新型城市建设方面取得了显著成就，积累了宝贵经验。本章根据城市主导产业和发展重点的不同，选取美国纽约、美国波士顿、德国北威州、以色列特拉维夫等城市展开阐述，以期为促进珠三角国家创新型城市建设提供参考与借鉴。

3.1 纽约：发展服务经济，构筑创新集群

作为世界公认的一流创新型城市，纽约在服务经济领域上具有难以取代的国际地位，其拥有全球经济组织高度集中的控制中心，支持着全球国际贸易和资本的流动，是全球创新活动集中所在地。在创新型城市建设过程中，纽约主要以世界级创新中心城市模式和基于服务资源的创新型城市模式为主，采取的措施主要有以下三个方面。

第一，制定并实施以服务经济为核心的城市创新发展战略。纽约结合自身在交通、教育、文化、金融等方面的优势，利用自身基础设施和人才资源等有利条件，选择并制定促进服务业发展的政策及战略规划。大力发展金融、商业服务等生产性服务业和知识性服务业，并通过抵减应税收入措施来鼓励地方和私人企业投资，吸引全球财富 500 强企业将总部设在纽约，使服

务业成为纽约产业结构中的主导产业，形成服务经济集聚地，并通过活跃的金融创新和服务创新，实现知识溢出和技术传播，带动城市整体创新实力的增强。

第二，发挥自身在教育、科技等方面的优势，为服务业的创新发展提供人力资本支持。纽约不仅建立了适应知识经济要求的教育体制，同时，纽约几十所高校相继筹建与知识经济相衔接的新专业，为金融、保险和管理咨询业等对人力资本和知识资本要求很高的生产性服务业提供了良好的人才基础。

第三，重视科技园区和网络建设，为创新活动提供载体和平台。纽约市政府通过联邦资金大力建设高新技术产业园吸引中小企业，以巩固其多样性的经济结构，保持城市经济发展活力。同时，联合高等院校、科研机构和企业，形成产学研一体的科研网络，大力研发高科技产品，使高科技含量和高附加值的生产性服务业得到迅猛发展。

3.2 波士顿：营造创新生态，激活人才资源

波士顿地处美国东北部，其南部海港区历史上曾是美国重要的制造业基地，借助美国工业革命的东风一度蓬勃发展，但在 20 世纪中期由于美国制造业基地转移，导致海港区乃至整个波士顿陷入持续的衰退。21 世纪伊始，波士顿另辟蹊径，为自己打造了"创意之城"（city of ideas）这张城市竞争力的王牌，此后不断创造着影响美国和世界的思想与知识，而且吸引、聚集着创造这些思想和知识的顶尖人才。如今，波士顿拥有"硅路"之称的 128 公路高新技术产业带，并逐渐向剑桥市和环 495 公路一带扩展，形成高新技术产业园区。根据国际知名会计师事务所毕马威 2020 年全球科技产业创新调查报告，在未来最有可能成为除硅谷以外的领先科技创新中心排名中，波士顿位列前十。由此可见，创新已成为波士顿一大闪亮名片。波士顿主要以高科技型制造业创新模式建设创新型城市，在营造推动制造业高质量发展的创新生态方面形成优势，主要来源于以下几个方面。

第一，加大政府对基础研究的资助力度，通过购买创新产品扶持企业创新。以生物产业为例，波士顿政府对生物产业的直接支持主要集中在基础研究领域，大学、医学院、研究型医院及其他研究机构都是研究的承担者。同时，波士顿是全美获得美国国立卫生研究院联邦科研资金资助最多的城市，持续多年位列美国第一位。此外，政府除了制定各种鼓励创新的政策外，还以市场化的方式购买企业创新产品，为创新成果提供了稳定市场，间接促进了各种创新成果转化。

第二，构建完善的金融体系与市场化的风险投资体系。波士顿是美国第三大金融中心，财富管理业务发达，由此衍生出各种形式的金融代理公司，为企业创新提供了较好的融资体系，为创新发展提供了资金保障。同时，波士顿也是美国最大的基金管理中心，以各种基金为基础创立了大量风险投资公司，通过商业化的资本运作，以创业风险基金的方式与企业形成合作纽带，使得高校的科研成果和专利能以资本的方式参股到众多创业企业当中。

第三，集聚高等院校资源，打造高等人才摇篮。波士顿的教育事业在美国首屈一指，被誉为"美国的雅典"，拥有超过 100 所大学，既有如哈佛大学、麻省理工学院、波士顿大学等综合性大学，也有波士顿音乐学院等高等专业院校，创新人才资源高度集聚。此外，波士顿积极创造和提供广阔的创业与就业机会，充分激活人才创新活力。

第四，打造波士顿创新区，为创新人群"定制生活"。自 2010 年起，波士顿以"创新"战略为引领，充分利用海滨区的便利交通、人才优势和产业集聚潜力，加强相关服务基础设施的建设和改造，建设波士顿创新区并推动转型为城市创新中心。具体包括积极打造适合交流、休闲的公共空间，着力打造工作、生活、社交于一体的全天候社区，打造"10 分钟生活圈"，同时为创新人群量身定制租金低廉的人才公寓。

3.3　北威州：推动结构转型，以创新带动复兴

北威州是德国北莱茵—威斯特法伦州的简称，是德国人口最为密集、经

济最为繁荣的联邦州。北威州曾是"欧洲工业的中心",举世闻名的鲁尔工业区及拜尔集团便坐落于此。20 世纪 50 年代,随着新一轮科技革命浪潮的加速发展,北威州老工业基地的经济结构、传统产业部门和产品销售市场受到严峻挑战。为应对世界产业结构调整和经济全球化发展的趋势,北威州经过几十年的不懈努力,依托科技力量,大力发展新兴产业,积极推动传统产业改造,成功进行了产业结构调整,打破了以矿业为主的单一经济结构,完成了从传统煤炭、钢铁产业向以技术创新为核心的现代化工业和服务产业的结构性变革。在推动结构转型、建设创新型城市中,北威州形成创新产业集聚型发展模式,采取的措施主要有以下三个方面。

第一,制定并实施以技术进步为核心的结构转型规划。20 世纪 80 年代初,北威州从本地区发展实际出发,确定了从单一的煤炭、钢铁工业基地向经济多元化城市转变的长远发展战略,提出既要加强本地作为煤炭、钢铁工业中心的传统地位,又要提高产业科技含量,重点发展以生物、基因技术为代表的高科技产业,以及以物流业、金融业和商业为代表的服务业来带动地区经济的振兴。除汽车、机械制造、化工、能源等支柱产业外,北威州在新媒体、微电子、生物、基因和医疗技术以及物流等领域在欧盟内也极具竞争实力,形成了以技术进步为核心的现代产业体系。

第二,加强对经济结构转型的投入力度。北威州充分利用德国政府对老工业基地经济转型的扶持政策,利用德国政府大量的财政补贴,在政府采购、进口贸易、折旧政策、政府信贷等方面对技术含量高的企业和项目给予资助,扶持传统产业实施技术创新和结构升级。同时,还推出一系列改造项目和计划,引导企业开发应用新技术、新工艺,如在各个矿区开展回填治理,建造了各种供旅游度假、综合消费多功能的综合园区等,推进传统产业和企业适时转型,实现经济结构调整目标。

第三,高度重视创新型中小企业的发展。为鼓励州内创新型中小企业发展,北威州政府组建了工商会、各种行业协会、经济促进协会及驻外联络机构等组织,专门为老工业基地提供中小企业转型、应用新技术、人力资源开发培训、拓展海外市场等方面的专业服务,并在州内几乎所有的城市设立了面向中小企业的技术开发中心,以推动企业科技创新和科技成果转化,有力地促进了城市创新主体的发展壮大。

3.4　特拉维夫：聚焦科技优势，打造创业高地

特拉维夫是特拉维夫 – 雅法的简称，位于以色列西海岸，是以色列的经济和科技中心，被誉为"欧洲创新领导者"和"仅次于硅谷的创业圣地"。在这个面积只有 52 平方千米、人口仅 40 万的城市中，集中了以色列绝大部分的高技术企业，拥有除美国硅谷之外全球最集中的高科技企业群，同时也是世界上初创公司密集度最高的城市之一，每平方千米就有 13 家初创公司。在国际著名创业调查公司 Startup Genome 发布的《2012 创业生态系统报告》中，特拉维夫在人才、创业产出、资本等多项指数中名列前茅，综合排名第二，仅次于创业高地硅谷。特拉维夫的崛起，形成了基于科技资源的创新型城市建设模式，主要归结于以下几个方面。

第一，依托全球科技巨头促进科技中小企业发展。特拉维夫及周边地区集聚了以色列 60% 以上的创新种子公司及 200 余家著名跨国企业，包括谷歌、微软、通用、夏普等公司的研发中心。在科技巨头推动下，特拉维夫每年都有数十家创新企业被谷歌等高科技公司收购，由此也形成了特拉维夫独特的创新战略定位——服务全球企业巨头、融入全球创新网络、科技中小企业快速更替。

第二，汇聚以犹太裔科技人才为核心的全球创新人才资源。在整个科技创新体系中，人才至关重要。20 世纪 70 年代，犹太移民潮兴起，大量的科技工作者从俄罗斯、波兰、法国、德国等国涌入以色列。2009 年，以色列又制定了"回到祖国"战略，吸引了两万多名欧美国家的犹太顶尖科学家回到祖国①。在以色列的大学里，教授们几乎都拥有海外背景。同时，犹太科学家与世界各类前沿研究机构保持紧密联系，有效促进了特拉维夫与世界的科技交流和信息交换。具备多元文化背景的高素质移民，也让以色列拥有了将

---

① 中国经济网. 解码：人口仅 800 多万的以色列何以成为"创业之国"［EB/OL］.（2017 – 09 –
29）［2023 – 02 – 08］. http：//intl. ce. cn/specials/zxgjzh/201709/29/t20170929_26417833. shtml.

创新热情转化为实际行动的能力。

第三，着力打造全球科技创新中心的国际形象。特拉维夫十分重视对自身"创新创业"特质的营销，制定了独特的宣传口号"永不停歇的城市"，意在突出特拉维夫创新城市的形象。同时，特拉维夫还创办了专属于"创新"的活动和节庆，如一年一度的 DLD 特拉维夫创新节成为特拉维夫"吸睛"和"吸金"的法宝，该创新节包含 100 项创新活动，吸引了全世界的创新公司、投资人、风投基金、企业代表等齐聚在此寻找创新机遇，为特拉维夫的创新带来了丰富的资源和人脉，也将特拉维夫推向国际舞台。另外，特拉维夫利用全额奖学金吸引国外优秀的留学生，并为来特拉维夫创业的外国人提供特殊的创业签证，进一步汇聚世界创新资源。此外，特拉维夫还定期组织以"创业、创新"为主题的城市旅游和考察，加强城市品牌宣传，鼓励记者将特拉维夫最内在、最真实的创业、工作、休闲状态传播到全世界。

第四，政府为开放创新提供全方位、精准化服务。特拉维夫市政府结合构建全球创新中心的城市战略，将自己定位为服务型政府，推动实现了 Wi-Fi 全城覆盖并免费使用，推出了专门服务于创业者的网站，详细列出全市所有可用的办公空间及信息、所有投资机构的地点与联系信息、所有初创企业和加速企业的类别与联系方式、所有研发中心的研究领域与联系方式以及所有企业正需要的工作人才等各种信息。同时，特拉维夫市政府还建立了企业数据库，涵盖全市各类企业的就业人数、所在区位、产品市场、发展阶段、生产规模、主要融资形式、面临的主要问题等方方面面的信息，并不断进行动态更新，从而实现精准服务。此外，还通过专业的金融分析工具，分析各类企业的最优融资模式和规模，并把分析报告结果提供给专业融资机构，使资本配置更加有效与合理。

3.5　经验与启示

从世界主要城市的创新型城市建设实践中可以看出，创新型城市作为应对知识经济和全球化的一种新型城市发展模式，有效促进了城市竞争力的提高。在全球化进程不断加速的背景下，珠三角国家创新型城市建设应具备国际化视野，认识和学习世界先进城市的发展经验和战略。

3.5.1　制定明确的创新发展战略

创新型城市建设是一项事关大局的系统工程，需要政府着眼宏观、谋划全局，结合城市自身特点，充分考虑城市的历史文化和资源禀赋特征，制定适合自身的创新型城市发展模式和发展战略。国外创新型城市建设的成功实践表明，它们无一例外都是从自身实际出发，寻找适合本地特色的创新之路。如纽约结合自身在交通、教育、文化、金融等方面的优势，制定并实施以服务经济为核心的城市创新发展战略，最终发展成为世界金融中心；波士顿以高技术制造业为优势，着力营造创新生态，发挥科教资源作用，激发人才创新活力，成为国际领先的科技创新中心；北威州从本地区产业发展面临瓶颈的实际出发，制定并实施了以技术进步为核心的结构转型规划，成功以创新带动地区复兴。因此，对于国外创新型城市建设的具体经验，应该有针对性地借鉴，而不是盲目照搬，要根据自身发展历史、文化特质和资源禀赋等特点来确定创新战略和构建创新体系。

3.5.2　发挥政府的支撑引导作用

政府既是城市创新发展战略的制定者，也是这一战略的推动者和实施者。放眼国际上的创新型城市建设，政府都起到了关键性的引导和支持作用。

首先，建立完备的基础设施，为城市功能完善和创新活动提供最基本的硬件保障。纵观国际知名的创新型城市，基本具有发达的内部交通设施和对外联系通道，如国际性机场等，且相当一部分创新型城市处于沿海发达地带，有着优良的海港，国际交流和贸易往来便利，而这些便利的基础设施离不开政府的大力建设。例如，波士顿打造公共交通体系，大力发展轨道交通，根据城市特色发展隧道交通，在公共交通体系得到有力的保障之后，利用地面空间发展绿色带、公园等。这个工程投入虽然耗资巨大，但为整个城市的产业转型奠定了非常好的基础条件。

其次，打造城市创新平台，为创新活动提供创新载体。从世界主要创新型城市的建设实践中可以发现，创新型城市建设离不开创新平台的搭建。政府在城市创新体系中要发挥主要引导和推动作用，着力完善创新服务体系，在创新资源的集聚、共享，创新技术的研发、孵化，创新成果的转化等方面搭建平台。其中高新技术产业园区是重要的创新载体，通过将高新技术企业、研发中心和金融机构等创新活动主体集聚在一起，有效整合各种创新资源而大幅提升创新效率。如纽约通过联邦资金大力建设高新技术产业园，激活了城市创新活力；波士顿通过推进128公路高新技术产业带建设而获得经济腾飞。

3.5.3 吸引大量的高层次创新人才

21世纪是人才资本竞争的时代，能否聚集大批多样化高层次的人才是创新型城市建设成败的关键，而创新人才的培养主要来自高等院校和科研机构。因此，创建本地高等院校和科研机构成为世界主要创新型城市建设的普遍做法。例如，纽约建立适应知识经济要求的教育体制，市内几十所高校也相继筹建与知识经济相衔接的新专业，为服务业发展提供了良好的人才基础；波士顿充分发挥哈佛大学、哈佛商学院等一批大学所带来的创新人才优势，成功推动波士顿创新区转型为城市创新中心；特拉维夫吸引了大量具备多元文化背景的高素质移民，推动形成"世界第二硅谷"。

3.5.4 提供充足的资金保障

国外创新型城市建设的实践证明，充足的资金是创建创新型城市的必要保障。创新型城市建设不是一蹴而就的事情，往往需要十几年甚至更长时间的积累，期间投入的资金周期长、数量大、成效慢。尤其是在高新技术产业，更是需要大量的资金投入，同时还伴随着较高的失败风险。创新型城市建设的资金来源主要有两个方面，即政府直接投资和社会风险投资。例如，波士顿采用创业风险基金的方式与企业形成合作纽带，使得高校的科研成果和专利能以资本的方式参股到众多创业企业当中；北威州在政府采购、进口贸易、折旧政策、政府信贷等方面对技术含量高的企业和项目给予资助；特拉维夫则通过举办大型活动，在世界主要城市进行游说和招商，吸引全球的创新公司和风投基金关注。

第4章

国内创新型城市的发展经验

当前，我国许多城市在响应建设创新型国家和实施创新驱动发展战略的号召下，积极提出创建创新型城市的战略发展思路，并从整体上推动城市开展创新活动。本章根据科学技术部中国科技信息研究所发布的《国家创新型城市创新能力评价报告2021》，以"创新治理力""创新驱动力""原始创新力""技术创新力""成果转换力"五大维度为着力点，结合创新能力评价结果，选取杭州、南京、西安、苏州等具有代表性的城市展开分析，为珠三角国家创新型城市建设提供经验借鉴。

4.1 杭州：以加强创新治理释放创新活力，打造"双创天堂"

创新创业是杭州发展的活力所在。一直以来，杭州坚定实施创新驱动发展战略，并以科技创新驱动高质量发展为主线，以深化科技体制改革和健全创新治理体系为突破口，以集聚创新要素和增强创新能力为主攻方向，全面激发创新创业活力，建设创新活力之城，打造创新型城市实践范例。较为典型的是杭州从"治理"视角推进政府职能转变，改善制度供给，推动制度创新同科技创新相适应，提升科技创新治理能力和治理效能。其中，杭州通过积极打造杭州人才国际交流大会、海外高层次人才创新创业大赛等活动平台，形成了以高校系、阿里系、海归系和浙商系为代表的年轻化、高素质、有活力创新创业"新四军"。在科学技术部中国科技信息研究所发布的《国家创新型城市创新能力评价报告2021》中，杭州位列全国第二位，其中，创新治理力和创新驱动力均位居第二。在创新型城市建设过程中，杭州的发展经验主要有以下几个方面。

第一，持续营造"双创"最优营商环境。杭州双创示范始终遵循以人民为中心的发展思想，坚决落实"最多跑一次"的改革精神，坚决以"让数据多跑路、让企业少跑腿"的基本原则，突出企业满意导向，优化办事流程，为小微企业创业创新营造了良好环境。在全国率先建成商事登记"一网通"，形成"线下一窗、线上一网、一日办结、最多一次"的改革模式，在已实现开办企业"5210"标准（不多于5份材料、2个环节、1日办结、政府买单零费用）的基础上，进一步提升为"一个环节30分钟"。此外，杭州首创"亲清在线"平台，营造"天天有活动、周周有论坛、月月有大赛"的双创活动氛围，"云栖大会""2050大会"等已成为具有全球影响力的科技创新大会。

第二，打造基于"互联网＋"的小微企业公共服务。针对小微企业创业创新缺乏经验和服务的问题，杭州充分结合互联网平台型企业集聚优势，打造基于"互联网＋"公共服务，先后推出"创新券、活动券、服务券"等一系列创新支持举措。各创新主体凭借一张"活动券"就能举办各项创新创业公益活动，一张"创新券"就可以惠享各类科技资源，一张"服务券"便能享受各类专业化服务。

第三，打造"杭州标准"的双创空间。杭州双创示范注重顶层设计和布局引导，突出产业和城市融合，努力打造小微企业创业创新空间载体的"杭州标准"。一是打造"空间＋基金"模式的众创空间，以基金为纽带将房东变股东，形成利益共同体。二是打造"政府＋民营、人才＋资本"的孵化器，出台孵化器认定和管理办法，落实孵化器发展提升、企业培育、服务共享等方面的支持政策，激发民营孵化器发展活力。三是打造"生产生活＋生态"特色小镇，给予特色小镇新增财政收入"三全返两减半"政策，积极打造跨行政区的小镇联合体空间"城西科创大走廊"。

第四，创新"资助＋投资联动"的扶持机制。一是形成系统化政策支持体系，以专项资金管理办法为核心，先后出台 20 余份政策文件，在中央财政补助 9 亿元的基础上，杭州各级财政每年安排不少于 50 亿元的专项基金用于扶持小微企业创业创新。同时，通过改革过去由市本级出资的"单打一"方式为现在省、市、区三级联动的"多合一"出资方式，有效解决资金使用分散等问题。二是优化中小企业融资环境。为了更好引导服务科创项目落地，于 2008 年成立了创业投资引导基金，经过十余年的深入探索，已成为科创项目落地的"平台"、高新产业合作的"窗口"，为科技型中小企业的创业创新提供了多渠道资金支持。2020 年，杭州市创投引导基金累计投资企业 632 家次，投资金额 75.53 亿元，其中投资杭州本地初创期企业 280 家，累计投资金额 29.31 亿元[①]。除创投引导基金外，杭州还成立了杭州银行科技支行、文创支行，设立全国首创的中小企业转贷引导基金，支持科技企业利用资本市场做大做强。截至 2020 年底，杭州市累计实现境内外上市公司 218 家[②]，成为继北京、上海、深圳之后，第四个实现 200 家公司上市的城市。

4.2 南京：以科教资源优势增强创新动能，打造"创新名城"

南京创新型城市建设工作紧紧围绕打造"创新名城、美丽古都"建设总体部署，实施创新驱动发展"121"战略，充分发挥科教重镇优势，出台《关于进一步发挥科教资源优势 推动科技与产业融合发展的实施意见》，建立务实高效、可持续的校（院所）地协同创新机制体制，推动科技与产业融合发展，推进创新名城建设向纵深发展。作为全国唯一的科技体制综合改革试点城市，南京围绕破除体制机制障碍，先后推出非共识性人才"举荐制"、

---

① 杭州市投资促进局. 省会城市 No. 1！杭州创投实力紧追京沪深［EB/OL］. (2021－09－01)［2023－02－20］. http：//tzcj. hangzhou. gov. cn/art/2021/9/1/art_1621408_58891352. html.

② 《2020 年度上市公司白皮书》（杭州市地方金融监督管理局发布）。

科技成果确权等改革举措，切实把制度优势转化为人才发展优势、科技创新优势。2021 年，南京获批建设全国首个引领性国家创新型城市，树立了国家创新型城市建设的新标杆。在《国家创新型城市创新能力评价报告 2021》中，南京位列全国第四位，其中，原始创新力位居第一。在创新型城市建设过程中，南京的发展经验主要有以下几个方面。

第一，发挥科教资源丰富优势，切实增强源头创新供给。一是建设重大创新平台。坚持把筹建综合性科学中心作为核心基础和战略举措，推动麒麟科技城、紫金山科技城等建设，布局一批重大基础研究平台，建设"一室一中心"等重大创新平台，探索基础研究、原始创新的体制机制，攀登科学高峰、强化策源功能。二是建设新型研发机构。加强与高校、科研院所合作，高质量建设以人才团队持大股、市场化运作为特征的新型研发机构；推动突破关键核心技术，围绕主导产业核心基础零部件、关键基础材料、先进基础工艺与基础软件等领域短板，支持产业技术创新战略联盟以课题制形式，组织上下游企业、高校、科研院所开展联合攻关。三是推动校地深度融合。深入推进"百校对接"计划，选派科技人才专员，加强名校与名城联系发展，强化与南京本土以及外地的"985""211"等著名高校合作，汇集更多高端创新资源。四是增强大学生归属感。南京连续三年举办大学生开学典礼，推出促进名城名校融合发展的"四大行动"，并以"六券三岗"增强大学新生"新南京人"的认同感和对南京的归属感。

第二，优化整合创新载体资源，塑造创新驱动发展优势。一是强化高新区改革赋能。出台《南京高新区深化管理体制改革实施方案》，成立南京高新区管理办公室，完成高新园区"1＋15"管理体制改革，聚力形成标志性高新技术产业集群。二是加快建设城市"硅巷"。出台《南京市推进高新园区高质量发展行动方案》，充分利用主城区的老校区、老厂区和传统街区等区位优势，进一步激发主城区科教创新资源活力，打造集约紧凑、功能互补、结构完善、校地融合、产城一体、创新创业活跃度高的"硅巷"。同时，还打造高校创新港、紫东科创大走廊等，推动创新载体与城市空间有效融合，营造良好的创新转化氛围，形成创新创业的城市活力中心。

第三，统筹规划创新名城建设，着力提升创新治理能力。一是出台创新

"一号文件"。自 2019 年起连续三年召开创新名城建设推进大会，出台支持创新的市委"一号文件"，为聚力创新立起了"风向标"。二是成立市委创新委员会。在全国率先组建实体化运作的市委创新委员会，突显了党委抓创新的格局，突出了党委对创新工作的领导，进一步完善并固化创新体系顶层组织架构，统筹规划创新名城建设总体任务，系统优化提升创新治理能力，推进以科技创新为核心、以体制机制改革为关键、以打造一流生态为目标的全面创新。三是落实督办考核。对于创新工作，坚持"一把手"抓创新，党政"一把手"都把创新作为主责主业，协调解决问题，发挥示范带动，形成强大工作推力。同时，加强创新工作的督查考核，形成月度调度机制，突出绩效考核"推进器"作用，确保工作落地见效。

第四，深化科技创新开放合作，扩大创新名城品牌影响。一是积极开展"生根出访"。南京与 23 个国家建立稳定合作关系，布局建立了 29 家海外协同创新中心①，通过推动国际多边合作，促进创新成果在南京落地。二是强化区域合作。南京主动参与融入"一带一路"、长三角一体化国家战略，统筹构建多元、高效的科技创新区域合作沟通协调机制，谋划推进 G42 创新走廊区域合作，深入研究宁镇科创走廊建设，推进区域创新一体化。三是打造创新品牌活动。南京连续多年举办南京创新周，其中，2021 年线上线下互动超 2 亿人次，签约总投资约 1683 亿元②，在国内国际引起巨大反响，"打造集聚创新资源强磁场"的经验做法也受到了国务院通报表扬。

4.3　西安：以关键核心技术引领技术创新，打造"硬科技之都"

2010 年，硬科技作为一个全新的概念，第一次在地处西部的陕西省西安

---

① 南京市人民政府．"十三五"成就看南京系列新闻发布会创新发展专题发布［EB/OL］．（2020－10－27）［2023－02－20］．https：//www.nanjing.gov.cn/hdjl/xwfbh/sswcjknjxlxwfbhcxztfb/．

② 张韩虹．2021 南京创新周闭幕 达成总投资额约 1683 亿元［N/OL］．（2021－06－26）［2023－02－20］．http：//jsjjb.xhby.net/pc/con/202106/26/content_939727.html.

市提出，它所指的是具有"高技术门槛和技术壁垒，难以被复制和模仿"的科学技术，也清晰地标识出以创新驱动为引领的经济模式。10 多年来，西安以"十年磨一剑"的韧劲持续发力，释放出自身科技研发优势，培育出一批以光电芯片、航空航天、精密制造等为代表的硬科技企业，为西部地区科技和经济发展注入新动能。在《国家创新型城市创新能力评价报告 2021》中，西安在全国 78 个创新型城市中排名第七，位列西部第一，其中，技术创新力和原始创新力均位居第二。在创新型城市建设过程中，西安的发展经验主要有以下三个方面。

第一，加快发展技术要素市场，提升关键核心技术供给能力。一是完善科技创新资源配置，积极争取国家战略科技力量在西安布局，稳步推进高精度地基授时系统和分子医学转化科学中心 2 个重大科技基础设施建设，积极推进国家超算（西安）中心建设，通过布局建设重大科技创新平台体系，有力提升基础研究能力。二是构建"有效供给—转化服务—区域示范—产业集聚"的成果转化全链条，持续营造有利于科技创新和成果转化的生态环境。坚持以市场为主导，聚焦解决产业发展中的"卡脖子"问题，以举办中国创新挑战赛（西安）为平台，围绕先进制造、人工智能等领域发布企业技术需求，面向全球征集解决方案。在 2019 年第四届创新挑战赛中，共实现 97 个技术创新需求与 215 个解决方案成功对接[①]。三是把做强做专服务端作为促进科技成果转化的突破口，统筹区县、驻市高校院所、硬科技企业等创新资源，搭建精准有效的合作发展平台，发展机制灵活的新型研发机构，培育懂技术、懂市场、懂投资的复合型专业化技术经理人，不断完善科技成果转化服务体系。

第二，依托西安高新区创建首个国家级硬科技创新示范区，打造硬科技创新生态圈。确立"123608"路径，以"支持硬科技研发—畅通硬科技转化—培育硬科技企业—做强硬科技产业"为一条核心主线；突出关键核心技术突破与体制机制创新双轮驱动；持续推进"三代技术"转化、突破与探索，率

---

① 陕西省科学技术厅. 第四届中国创新挑战赛（咸阳）现场赛 圆满收官［EB/OL］.（2019 – 12 – 20）［2023 – 02 – 20］. https：//www. most. gov. cn/dfkj/shanx/zxdt/201912/t20191231_150868. html.

先形成关键核心技术攻关的新型体制；重点聚焦"六大领域"，实施"十大示范工程"，即聚焦新一代信息技术、高端装备、航空航天、生命科学、新材料、增材制造"六大"领域，实施包括第三代半导体、云计算、5G、特高压、数控机床、航天动力、北斗导航、精准医疗、空天复合材料、增材制造在内的"十大示范工程"；落实"八个一批任务"，即"试点一批体制机制创新、争取一批战略创新平台、建设一批成果转化平台、培育一批硬科技企业群体、涌现一批科创板上市企业、汇聚一批硬科技顶尖人才、开展一批全球硬科技合作、打造一批硬科技承载空间"，着力打造一流硬科技创新发展生态。

第三，加强引育世界一流创新人才，打造人才服务"金名片"。积极搭建平台，建立 44 家国际科技合作基地，在英国、法国、德国等 10 多个国家设立"西安海外人才工作站"和"海外人才离岸创新创业基地"，实施外国人才项目，引进和培育海外高层次人才。设立"市本级 + 聚集区"外国人来华工作许可"1 + 5 + 5"服务窗口，率先实行"绿色通道""容缺受理""告知 + 承诺"服务，成为全国第一家外国人工作许可"证件延期、变更业务"一次都不用跑的城市。截至 2021 年，有来自韩国、美国、日本、英国、加拿大、俄罗斯等 40 多个国家和地区约 1 万名外籍人才工作和生活在西安，有 10 人荣获中国政府友谊奖，15 人荣获陕西省"三秦友谊奖"和"陕西省优秀外国专家奖"，50 人荣获"西安友谊奖"和"西安市优秀外国专家奖"①。

4.4 苏州：以厚植成果转化提升创新效益，打造"产业创新之城"

近年来，苏州聚焦打造"创新之城"新名片，前瞻布局开放发展、产业生态、创新生态、营商环境等优势条件，在不断完善科技创新环境的过程中

---

① 西安新闻网. 第五位！西安入选外籍人才眼中最具吸引力的中国城市 [EB/OL]. (2021 - 10 - 18) [2023 - 02 - 20]. https：//www.xiancn. com/content/2021 - 10/18/content_6382484. htm.

增强科技成果转化效能。苏州通过不断加大促进科技成果转移转化的支持力度，围绕激发创新主体活力、加强技术供需对接、优化要素资源配置、完善政策环境，加快推进技术转移体系建设，厚植成果转化沃土。在《国家创新型城市创新能力评价报告 2021》中，苏州位列全国第五位，同比上升两位，是全国唯一进入前五的地级市，其中，成果转化力指标位居第二，创新治理能力指标位居第三。在全国工商联发布的《2021 年万家民营企业评营商环境报告》中，苏州蝉联全国第三，获评"营商环境最佳口碑城市"。在创新型城市建设过程中，苏州的发展经验主要有以下三个方面。

第一，通过"三个下沉"，激发创新主体活力。苏州持续激励企业提高自主研发能力，提升产品核心竞争力，不断推动重大科技成果产业化。一是引导政策资源"下沉"企业，全面整合各类科技成果政策资源，面向重点企业开展政策宣传、项目培育、组织申报、实施管理等工作；二是引导技术持有者"下沉"企业，吸引一批知名院校和研发机构，并配套出台专项激励政策，重点围绕战略性新兴产业提升技术辐射和转移水平，助推一批科技企业发展壮大；三是引导专业人才"下沉"企业，通过建设技术转移平台、实施技联沙龙、举办技术经纪人培训班，搭建专业技术人才与企业交流合作的桥梁。此外，苏州深入实施瞪羚计划、独角兽企业培育计划，加大创新型企业梯队的培育扶持力度；完善分层孵化体系，打造以科技型中小企业、民营科技企业为基础，以高新技术企业、瞪羚企业为主体，以独角兽企业、科技上市企业为标杆的创新型企业梯队。

第二，借助优质创新资源，促进产学研融合发展。苏州加快推进重大创新载体建设，积极布局一批高水平的大科学装置、实验室等创新平台，通过创新载体吸引和集聚优质创新资源。南京大学苏州校区、西北工业大学太仓校区、东南大学苏州校区、中国中医科学院大学、中科大苏州高等研究院等纷纷落户苏州，累计与 200 多所国内外高校院所建立稳定合作关系，建设产学研研发机构 158 家①。苏州借助大院大所科技创新高端要素和优质资源，搭建产学研创新联合体，积极推进校地深度合作，深化"产、学、研"融合

---

① 中国江苏网. 苏州，十年增加一万亿 GDP［EB/OL］.（2022 - 10 - 12）［2023 - 02 - 20］. http://jsnews. jschina. com. cn/sz/a/202210/t20221012_3092531. shtml.

发展，不断打通研发到应用生产的转化通道。2020 年获评"中国产学研合作示范城市"。

第三，完善政策和制度环境，构建创新服务与支撑体系。苏州起草科技创新综合性地方法规《苏州市科技创新促进条例》，立足科技创新全链条、全周期，深化基础研究、关键核心技术攻关、科技成果转化的贯通部署，以科技立法赋能重大科技领域和关键环节的体制机制改革，提升科技创新和产业发展"双向链接"水平。大力推进科技创新体制机制改革，开展科技项目"揭榜挂帅"制，探索实行科研经费包干制，赋予科研人员更大技术路线决定权和经费使用权。此外，还创新财政支持科技创新方式，加大创业投资、股权投资、天使投资对科技创新支持力度，支持企业通过主板、创业板、科创板和北交所等境内外主要资本市场做大做强。强化金融对科技创新的支撑作用，设立产业创新集群发展基金，组建高新技术创业投资集团。通过"拨改贷""拨改投""拨改补"推进"科贷通"等金融产品创新，更好服务企业发展。通过互联网创新推出"政策计算器"，变企业找政策为政策找企业，更精准地为企业提供政策支持。

4.5　经验与启示

通过对比国内创新型城市的建设经验和典型案例，我们不难发现，创新型城市建设各有特点，推动城市发展和创新活动的力量也有所差异，但城市发展机制基本一致，即在优势产业或产业转型基础上，以政府宏观战略为导向，充分发挥区域内创新主体、创新资源优势，提供充足的创新资本以及营造良好的创新文化氛围。

4.5.1　注重城市政策环境的构建

在创新型城市建设过程中，政府扮演着重要角色。一方面，政府是创新的主体，需要不断推进自身变革，以适应经济社会发展要求；另一方面，作为制度供给主体，政府也是创新的"推进器"，为其他层面的创新提供制度保障。因此，政府通过充分创设外部环境，比如提供完备的法制体系，利好的政策导向，持续的科研投入，宽松的社会环境以及畅通的信息平台等，为促进创新发展提供强大推力。例如，杭州打造基于"互联网＋"的小微企业公共服务，推出了"创新券、活动券、服务券"等一系列创新支持举措；南京出台创新"一号文件"，在全国率先组建实体化运作的市委创新委，落实督办创新绩效考核；西安以举办中国创新挑战赛（西安）为平台，面向全球征集企业技术解决方案；苏州推进数字政府建设，创新推出"政策计算器"，被誉为"惠企神器"。

4.5.2　注重城市创新要素的培育

重视城市创新的基础设施、人才、资金建设与管理是我国主要城市在创新型城市建设中的共同经验。在人才要素方面，人才是铸就创新的"根"与"魂"，谁拥有一流的创新人才，谁就拥有了科技创新的优势和主导权。我国主要创新型城市在推进人才队伍建设过程中，坚持"外来引进"和"本土培育"双轨并进，既重视引进外来人才，也高度重视留住人才。南京推出促进名城名校融合发展的"四大行动"和"六券三岗"的优惠政策，增强大学新生"新南京人"的认同感和对南京的归属感；西安设立"市本级＋聚集区"外国人来华工作许可"1＋5＋5"服务窗口，率先实行"绿色通道""容缺受理""告知＋承诺"服务。在资金要素方面，作为创新驱动的"催化剂"，资金是创新发展中最活跃、最积极的要素之一。我国主要创新型城市在支持企业开展创新活动的过程中，往往是从政府直接投资、社会风险投资等多方面、多举措满足企业资金需求。比如杭州创新"资助＋投资联动"的扶持机制，设立了全国首创的中小企业转贷引导基金；苏州致力于推进"科技＋金融"服务，实行"拨改贷""拨改投""拨改补"等政策措施，推出"科贷通""科研保"等金融创新产品。在管理要素方面，创新和改革的关系是相辅相成的。通过深入推进科技创新体制机制改革，营造有利于创新驱动发展的实践载体、制度安排，是我国主要创新型城市的重要经验之一。例如，西北有色金属研究院通过实施"混合所有制"改革和股权激励，多主体共享发展成果，有效激发了科技成果转换的新活力。

4.5.3　注重城市创新文化和环境的营造

文化是一座城市的灵魂，更是城市创新的动力源泉。我国主要创新型城市建设的实践表明，着力营造开放与包容的创新文化，对于城市的创新建设具有重要意义。创新不仅依靠科技，更需要深厚的文化环境和文化积淀，而创新文化的建设就是要营造一种激励人们积极投入创新活动的文化氛围，既要鼓励创新、推崇竞争，又要宽容失败。例如，在营商环境方面，杭州首创"亲清在线"平台，营造"天天有活动、周周有论坛、月月有大赛"的双创活动氛围；苏州提出打造"苏州最舒心"的营商服务品牌，并是全国首先提出"亲商、安商、富商"理念的城市。在城市创新文化方面，南京积极策划创新名城高端宣传方案，连续两年举办南京创新周，在国内国际引起巨大反响；西安以"秦创原"理念打造创新驱动平台，推动科技成果转移转化；同时突出文化特色，创新打造现代"大唐不夜城"，以文化积淀为基础持续加强文化品牌输出。

实践篇

| 第 5 章 |

深圳：建立全过程创新生态链，
支撑创新之都高质量发展

深圳作为中国改革开放的前沿阵地、中国最具活力的城市，创造了诸多城市科技创新的奇迹。从经济特区的"先行先试"，到创新型城市的"先行示范"，再到党的十八大后的创新驱动发展，深圳迎来了"双区"驱动、"双区"叠加的黄金发展期。四十余年的励精图治，深圳走出了一条"以产业创新牵引科技创新，以科技创新推动产业创新"的具有深圳特色的自主创新发展之路，构建了完整的全过程创新生态链，实现了从创新先试到创新示范再到创新核心的地位递进转变，形成了创新型城市建设宝贵的"深圳经验"。作为中国特色社会主义先行示范区，深圳肩负从"自主创新"向"科技自立自强"转变的国家使命，将继续秉持"创新为要、实体为基、民生为本、法治为纲"的发展理念，沿着国家战略方针推进深圳科技创新发展再上新台阶，创造更多全国第一，形成更多"深圳经验"。

5.1 发展历程

5.1.1 1980～1990 年：创新积累阶段

1980～1985 年，深圳特区建设初期，大力进行经济体制改革、基础设施建设和发展外向型经济。起初依靠优惠政策获利，通过价格改革获取计划经济和市场经济价格差，此后，开始了快速工业化和城市化进程。深圳以加工制造为主发展工业，主要依靠 OEM 模块化分工体系加上廉价劳动力，融入全球产业分工体系，初步形成外向型的工业发展格局。当时外资主要来源是亚洲"四小龙"，进入中国境内主要以中国香港为跳板，依托其进行转口贸易和投资，深圳由于毗邻香港特区的区域优势，形成了"以外商投资为主、生产以加工装配为主、产品以出口为主"的工业发展模式。深圳重点发展劳动密集型产业，如电子、缝纫、纺织、机械等行业，产品以出口外销为主，借助"三来一补"的加工贸易方式成功嵌入全球电子信息产业链。在此阶段，深圳尚未走上创新发展之路，但是从 1987 年出台的《深圳市人民政府关于鼓励科技人员兴办民间科技企业的暂行规定》等政策上看，深圳已经开始重视科技对产业发展的推动作用，同时外向型工业的发展促使生产力得到巨大释放，经济呈现高速增长，为后续的创新发展提供了原始积累。1980～1990 年，深圳 GDP 年均增长 37.4%，远高于同期全国 9.5% 和全省 14.1% 的平均水平①。到 1990 年底，深圳依托上步工业区（现华强北）和蛇口工业区等推动企业聚集，构成了以视听产品为主的现代电子工业体系。

5.1.2　1991～2010 年：跟随创新阶段

从 20 世纪 90 年代初期，深圳逐步建立社会主义市场经济体制，调整优化产业结构，形成了以高新技术产业为主导的新格局。1992 年，邓小平同志"南方谈话"后，改革开放的力度加大，推动了我国对外开放从经济特区向沿海、沿江及全面开放。随着特区政策普惠化，大规模的"三来一补"逐渐向生产要素成本更低的东莞转移，深圳"三来一补"产业开始逐渐转型。到了 1995 年，政府的"一号文件"提出大力发展科学技术，对高新技术产业发展提出了明确的信号，1995 年高新技术产业开始应运而生，1997 年深圳市政

---

① 深圳市统计局等．深圳统计年鉴 2022［M］．北京：中国统计出版社，2022；国家统计局．中国统计年鉴 2022［M］．北京：中国统计出版社，2022；广东省统计局．广东统计年鉴 2022［M］．北京：中国统计出版社，2022.

府出台了高新技术产业带规划，在全市划定了9个高新技术产业带。1995年、1997年、1998年、2000年、2004年，几乎每年政府的"一号文件"都是以科学技术、自主创新或者大力发展高新技术产业有关，在这些文件的引导下，深圳的高新技术产业如雨后春笋般发展。在此阶段，深圳经济从加工贸易转向跟随创新时代，凭借模仿形成了大规模生产能力的初级工业化过程，逐步走向跟随创新的生产制造。模仿时代的"山寨"经济现象成为深圳工业化的新特征，"山寨"的生命力激发了一种灵活异常的生态系统，成就了供应链，这正是深圳的独特之处。这种对劳动力持续不断的分工，使生产力水平得以提高，逐渐形成的产业布局开始被市场认可为最快的效率组合，正式迈入以"高新技术、金融服务、现代物流业、文化创意"四大支柱产业，"计算机、通信、微电子及新型元器件、机电一体化、新材料、生物工程、激光"七大高新技术产业为主导的高新技术产业主导时期。2008年，深圳成为首个国家创新型城市试点，开始谋划布局战略性新兴产业，先后出台生物、互联网、新能源、新材料、文化创意、新一代信息技术产业振兴发展政策，经济实现跨越式发展。深圳致力于打造现代化、国际化创新型城市，为国家后续提出的创新驱动发展战略提供了先试经验。

5.1.3 2011～2020年：创新驱动阶段

党的十八大以来，深圳进入创新驱动发展和高质量发展阶段。经过20余年"投资驱动"的快速建设发展，城市面临着"土地空间、能源资源、人口重负、生态环境"四个"难以为继"，亟须转变发展理念和空间供给模式。自上一阶段大规模产业结构调整之后，深圳以"腾笼换鸟"的方式，提升了城市功能和产业空间布局，城市产业发展模式逐渐从"深圳速度"走向"深圳质量"，从"深圳制造"转向"深圳创造"，实现产业与城市的全面转型发展。"十二五"时期，深圳获批建设国家自主创新示范区，成为我国首个以城市为基本单元的国家自主创新示范区，深圳以转型升级、创新驱动、质量引领、绿色低碳为发展方向，全力推动有质量的稳定增长和可持续的全面发展，加快建设现代化国际化创新型城市和国际科技、产业创新中心。五年间，深圳的公共研究开发平台、公共信息平台、公共创新服务平台等有效公共产品供给快速增长，与日益强大的企业创新能力相结合，深圳开始走向全球创新的前沿。深圳的高新技术产业，特别是民营经济的自主创新得到更进一步发展，生产方式从以"山寨"模仿为主转向以创新制造为主。深圳的一些科学技术、产业创新已经紧跟世界发展潮流，在新一代信息技术、生命科学、新能源等领域逐步取得全球竞争优势，互联网产业、生物产业、新能源产业、文化创意产业、新材料产业、新一代信息技术产业得以快速发展。"十三五"时期，中央赋予深圳建设"中国特色社会主义先行示范区"，深圳对于高新技术、自主创新的政策引导、空间布局等进一步加强，在互联网、电子信息、移动通信等某些领域已经达到世界领先，初步形成了"基础研究＋技术攻关＋成果产业化＋科技金融＋人才支撑"全过程创新生态链。2011~2020年，深圳建成了国家超级计算深圳中心、国家基因库和大亚湾中微子实验室，国家、省和市级重点实验室、工程实验室、工程研究中心和企业技术中心等创新载体累计达1107家，是前30年总和的3.6倍，IT领袖峰会和BT领袖峰会等成为促进创新创业的重要平台。深圳还提出巩固和加强高新技术产业、现代物流业、金融业、文化创意产业四大支柱产业，发展"生物、互联网、新能源、新材料、文化创意、新一代信息技术、节能环保"七大战略性新兴产业，加快培育未来产业。新一代信息技术获得全球领先优势，自2011年制定并开始实施支持新一代信息技术的五年规划；到2016年，新一代信息技术产业增加值翻了一番，达到4052亿元，到2019年已经超过了6500亿元。2019年，该产业的国内发明专利公开量为43273件，截至2019年底的有效发明专利量为65460件，发明专利公开量仅次于北京，位居第二位①。

5.1.4 2021年至今："双区驱动"与创新引领阶段

"双区驱动"与创新引领期赋予深圳新的国家使命，经历从创新先试到创新示范再到创新核心的地位递进转变，城市全面进入创新引领与高质量发

---

① 唐杰. 经济发展中的市场与政府——深圳40年创新转型总结与思考［J］. 开放导报，2020.

展时期。随着党的十九届五中全会的召开，国家将创新放在"十四五"规划
和 2035 年远景目标的核心位置，预示走在全国创新前列的深圳，俨然成为
全国核心的创新城市和创新的核心。深圳肩负着三项国家使命：一是打造创
新型城市，为建设创新型国家提供支撑；二是更好地深化深港澳合作，促进
港澳融入国家发展大局；三是更加深度参与"一带一路"建设，服务于
"一带一路"倡议。深圳将围绕打造粤港澳大湾区创新高地和具有全球影响
力的国际科技创新中心，加强源头创新和开放创新，依托光明科学城建设加
速建设综合性国家科学中心，布局一批世界级的重大科技基础设施和重点实
验室集群，集聚国际国内科技资源，提升城市科技发展能级，建设国际创新
创意之都；同时，对标世界先进城市，营造国际一流营商环境；加快城市经济
发展，提升深圳在粤港澳大湾区乃至更大区域范围的城市竞争地位。图 5 - 1
为深圳国家创新型城市建设发展历程。

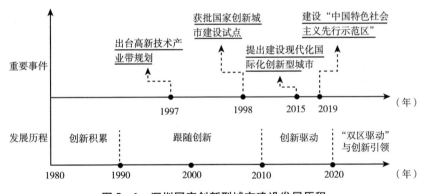

图 5 - 1 深圳国家创新型城市建设发展历程

资料来源：作者整理。

5.2 经验与亮点

5.2.1 打造全过程创新生态链条

深圳不断完善"基础研究 + 技术攻关 + 成果产业化 + 科技金融 + 人才支

撑"全过程创新生态链，构建起"以企业为主体、市场为导向、产学研资深度融合"的技术创新体系，推动深圳科技创新实现大跨越、取得新突破（见图 5-2）。

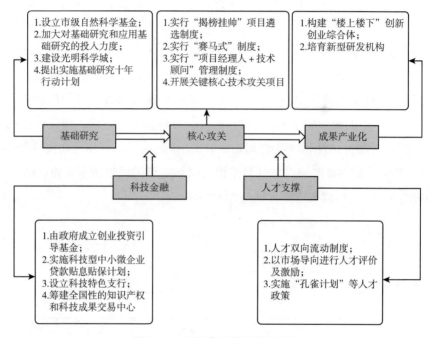

图 5-2　深圳全过程创新生态链

资料来源：作者整理。

（1）在基础研究环节。基础研究是科技创新的源头，是创新生态链的第一环，关乎国家、城市的源头创新能力和国际科技竞争力。深圳经过多年的创新积累，已经进入了依托基础研究突破引领技术创新的阶段。2020年，深圳制定出台了《深圳经济特区科技创新条例》，以法定形式明确政府投入基础研究和应用基础研究的资金比例，设立市级自然科学基金，资助开展基础研究、应用基础研究，培养科技人才。同时，大力引导支持企业及其他社会力量通过设立基金、捐赠等方式，加大对基础研究和应用基础研究的投入力度。此外，深圳高标准建设综合性国家科学中心、重大科技基础设施、鹏城实验室，推进国家应用数学中心、粤港澳大湾区量子科学中心等重大创新平台建设，打造世界一流的光明科学城，提出实施基础研究十年行动计划，力争将基础研究占全社会研发投入比重提高到 5% 以上。根据广东科技统计网公开数据显示，截至 2020 年底，深圳已累计建设国家重点实验室 6 家、广东省实验室 4 家、省级以上创新载体总计超937 家。

（2）在核心攻关环节。深圳实行"揭榜挂帅"项目遴选制度，择优选定攻关团队；实行"赛马式"制度，平行资助不同技术路线的项目；实行"项目经理人 + 技术顾问"管理制度，对项目实施全生命周期管理；实行"里程碑式"考核制度，对项目关键节点约定的任务目标进行考核，确保产业链关键核心环节自主可控。"十四五"时期，深圳提出瞄准关键核心技术"卡脖子"问题，全市安排科技重大项目支出 132.5 亿元、技术研究与开发支出 90.2 亿元[1]，开展政产学研协同、产业链上下游联合攻关，高标准建设国家第三代半导体技术创新中心、国家 5G 中高频器件创新中心、国家高性能医疗器械创新中心。同时，支持龙头企业牵头组建创新联合体，聚焦战略性新兴产业领域共性核心技术、关键零部件和高端装备等方面，开展关键核心技术攻关项目 50 个以上。

（3）在成果产业化环节。深圳依托综合性国家科学中心先行启动区布局建设一批重大科技基础设施，设立工程和技术创新中心，构建"楼上楼下"创新创业综合体，"楼上"科研人员利用大设施开展原始创新活动，"楼下"创业人员对原始创新进行工程技术开发和中试转化，推动更多科技成果沿途转化。同时，通过孵化器帮助创业者创立企业，开展技术成果商业化应用，缩短原始创新到成果转化再到产业化的时间周期，形成"科研—转化—产业"的全链条企业培育模式。其中，新型研发机构作为成果转化的主力军，有效加快了各类创新资源的集聚和融通，是深圳创新生态系统的重要组成部分，根据广东科技统计网公开数据显示，2020 年底，深圳共建立省级新型研发机构 42 家。

（4）在科技金融环节。创业投资基金对科技型企业的早期投资是科研成果产业化的重要推手。深圳的做法是由政府成立创业投资引导基金，以政府

---

① 资料来源：《关于深圳市 2021 年预算执行情况和 2022 年预算草案的报告》。

投资撬动社会资本，通过收益让渡、风险分担等机制，帮助更多的科技型初创企业渡过早期艰难阶段。2018 年，深圳市政府投资发起设立了一支总规模为 100 亿元、不以营利为目标的政策性、战略性基金——深圳天使母基金，助力种子期、初创期企业跨过创业"死亡谷"。深圳特区报数据显示，作为国内规模最大的天使投资类政府引导基金，设立以来，在投的 40 只子基金交割项目 447 笔，投资金额约 42 亿元，项目所处行业全部为战略性新兴产业和未来产业。此外，深圳不断厚植科技金融沃土，全面撬动各类资本支持科技创新。对中小微科技企业，深圳出台了《深圳市科技型中小微企业贷款贴息贴保项目管理办法》，升级实施贷款贴息贴保计划，扩大合作银行范围。深圳特区报数据显示，截至 2021 年，已累计对中小微科技型企业予以 1 亿多元贴息支持。在商业银行领域，深圳已有 29 家银行设立或明确专门部门统筹科技金融发展，12 家银行设立科技特色支行 41 家。依托深圳证券交易所，深圳正在加快筹建全国性的知识产权和科技成果交易中心，建立连接技术市场与资本市场的综合服务平台。

（5）在人才支撑环节。深圳建立人才双向流动制度，支持科技人才在高校、科研机构和企业之间合理流动，最高效地发挥科研人才的潜能。以市场导向进行人才评价及激励，以人才市场价值、经济贡献为主要评价标准，建立"经济贡献越大、奖励补贴越多"的持久激励机制。2008 年，深圳市委市政府出台了《关于加强高层次专业人才队伍建设的意见》及 6 项配套政策。2011 年，出台了《中共深圳市委 深圳市人民政府关于实施海外高层次人才"孔雀计划"的意见》及 5 项配套政策。2018 年，出台了《中共深圳市委 深圳市人民政府印发〈关于实施"鹏城英才计划"的意见〉的通知》。得益于"不拘一格降人才"的人才引进政策，深圳"高精尖缺"人才持续汇聚，截至 2019 年 10 月，深圳累计招收博士后 6000 多人，累计认定高层次人才约 1.4 万人（平均年龄约 39.3 岁），引进诺贝尔奖获得者 6 人、全职院士 40 人、海外高层次人才 335 人、享受国务院特殊津贴专家 541 人[①]。

---

① 徐翌钦，曾坚朋，等．深圳高层次人才引进短板及对策［J］．开放导报，2022．

5.2.2　以产业创新牵引科技创新

深圳作为科技创新发展的标杆城市，十分注重科技创新与实体经济紧密结合，形成了以产业创新牵引科技创新，以科技创新推动产业创新的创新发展模式。深圳在以市场为驱动、以需求为导向的创新路径指引下，诞生了一大批科技创新企业，孕育出华为、大疆、腾讯等一批世界级的创新型企业，形成了以企业为主体的创新体系。"90% 以上研发人员集中在企业、90% 以上研发资金来源于企业、90% 以上研发机构设立在企业、90% 以上职务发明专利来自企业"成为深圳自主创新的标志。创新体系的不断完善，引领着产业向高端化、规模化、集群化发展，战略性新兴产业成为经济增长"新引擎"。根据深圳市统计局公开数据显示，2020 年，深圳战略性新兴产业增加值 10272.72 亿元，同比增长 3.1%，战略性新兴产业占地区生产总值比重为 37.1%。

（1）企业成为自主创新的中坚力量。一是构建以企业为主体的技术创新体系。在政府的引导下，深圳构建了技术方向企业决定、要素配置市场决定、科研成效用户评价、创新服务政府提供的活力创新体系。与传统创新模式不同，深圳以企业为主体的创新体系能够充分利用市场的倒逼机制，将需求由市场终端向上游传递，依托市场优胜劣汰的机制，促进企业针对市场现状及潜在需求加大研发，不断提升企业自主创新能力。40 多年来，深圳诞生了一批又一批与技术进步和产业升级同步的行业领先企业，一大批科技企业崛起并蓬勃发展，企业总数超过 200 万家，科技型企业超过 3 万家，国家高新技术企业超过 1.7 万家，创业密度全国第一，民营企业占 95% 以上，民营本土上市公司占 90% 以上[①]。二是要素配置围绕企业创新布局。深圳不存在游离于经济系统之外的科研系统，资源配置和政策设计均围绕市场主体进行，企业成为创新的主体，企业家成为创新的组织者和领导者，培育了华为、中兴、华大基因等一批具有国际竞争力的科技

---

① 汪云兴，何渊源. 深圳科技创新：经验、短板与路径选择［J］. 开放导报，2021.

创新企业。三是政府始终围绕企业创新需求提供创新服务，充分发挥技术创新的市场需求筛选功能，采用问题导向的方式不断为高科技产业发展提供新的政策设计、体制机制解决方案，创新效率极高。深圳把创新从纯科研活动转变为经济活动，使得创新投入产出的效率得到了极大提升。

（2）前瞻性谋划战略性新兴产业布局。在以企业为主体的创新体系支撑下，骨干创新型企业带动产业转型升级，战略性新兴产业逐步成为经济增长的新动能。深圳市政府根据不同的发展阶段，制定前瞻性的战略性新兴产业发展规划，适时引领当地产业结构的转型升级。例如，20世纪90年代，鉴于劳动密集型产业发展的不可持续性，深圳市及时提出发展高技术产业的战略，积极谋求产业转型。2009年，深圳在全国率先出台生物、互联网、新能源等战略性新兴产业发展规划和政策，力图培育经济发展新动能。2013年起，深圳又先后出台了海洋、航空航天和生命健康产业的专门性未来发展规划。深圳还根据《深圳战略性新兴产业发展"十三五"规划》制定了《深圳市战略性新兴产业发展专项资金扶持政策》，通过设立战略性新兴产业发展专项资金，支持新一代信息技术、高端装备制造等七大战略性新兴产业发展。2022年，《深圳市人民政府关于发展壮大战略性新兴产业集群和培育发展未来产业的意见》《关于支持企业提升竞争力的若干措施》《深圳市重点产业链"链长制"工作方案》等"一揽子配套政策公开发布，出台一链一图"，绘制重点产业链发展路线图，推动产业链上下游、产供销、大中小企业整体配套、协同发展。深圳创建了"矩阵式"产业扶持体系，从企业招引、项目培育、空间落地、人才支撑、惠企政策等多维度，为企业提供全方位、常态化服务。此外，还整合产业发展重点依托的空间载体，如新型工业化产业示范基地、各类开发区等，集中布局产业链上中下游企业，推动建立"头雁引领群雁飞""大手牵小手"的产业生态，实现产业集群化发展。深圳七大战略性新兴产业将进一步拓展至"20＋8"产业集群，产业转型升级的能级不断提升。2019年以来，深圳规模以上工业总产值连续三年位居全国城市首位，新一代信息通信等4个集群入选国家先进制造业集群，新型显示器件等3个集群入选首批国家级战略性新兴产业集群发展工程①。

（3）以自主创新赋能产业高质量发展。深圳出台多项政策，促进产业链与创新链互为支撑，以科技创新推动产业创新发展。在新一代信息产业方面，深圳的政策目标为突破关键技术，强化自主创新，优化发展环境，促进产业融合。通过设立新兴高技术产业发展领导小组和具体办事机构，统筹各部门资源。从 2011 年起，连续五年投入了 25 亿元设立专项资金，用于资助新一代信息技术产业核心技术攻关、创新能力提升、产业链关键环节培育和引进、重点企业发展、产业化项目建设等方面。鼓励符合条件的企业申报科技型中小企业创新项目，优先纳入创新型产业用房和土地利用年度规划。在高端装备制造产业方面，深圳加大集群发展统筹力度，力争在重大技术装备、关键配套基础件两方面有所突破。围绕光刻机、刻蚀机、离子注入机等晶圆制造设备，蒸镀机、曝光机等面板制造前道制程设备，超精密数控车床、铣床、磨床和复合加工机床，以及高端电工电子测试仪器、几何量测仪器、科学实验仪器等整机和核心零部件，采用"赛马制"等方式，支持"研制企业＋用户企业＋高校及科研院所"联合攻关，按照不超过项目投资额的 30%，最高给予 1 亿元资助。在新材料产业方面，为推动产业关键技术发展，深圳加大"创新链＋产业链"融合力度，加强重点新材料首批次示范应用等。比如，支持依托电子信息材料、新能源材料、生物医用材料、前沿新材料等领域的相关单位，围绕产、学、研、用各个关键环节形成不少于 3 家单位的优质资源高效集合体，共同以重点新材料产业链和创新链的重大需求和关键环节为导向、以前沿基础研究及产业共性技术研究开发与产业化应用示范为重点，形成统一的"创新链＋产业链"实施方案。

5.2.3　构建高水平开放创新格局

2018 年，中央经济工作会议提出，要推动由商品和要素流动型开放向规

---

① 资料来源：《深圳市人民政府关于发展壮大战略性新兴产业集群和培育发展未来产业的意见》。

则等制度型开放转变。自此，加快推动规则、规制、管理、标准等制度型开放，构建与国际规则相衔接的制度体系和监管模式，促进生产要素有序流动、资源高效配置、市场深度融合，成为深圳构建更高水平开放创新格局的基石。

（1）探索并完善相关法律规则衔接。深圳引入境外高端法律专业人才参与法治建设，选任港澳台地区陪审员、调解员参与涉外、涉港澳台纠纷化解和案件办理，建立国际化专家咨询委员会。完善域外法律查明与适用体系，制定《域外法查明办法》《适用域外法裁判指引》等系列制度，确保域外法律"认得全、查得明、用得准"，由此增强境外投资者"引进来"和境内企业"走出去"的信心。同时，深圳成立了全国第一家按法定机构模式治理的仲裁机构——深圳国际仲裁院，建立全国首个以国际化理事会为中心的法人治理机构，还建立了粤港澳仲裁调解联盟，形成粤港澳大湾区"境外调解＋深圳仲裁"模式，推动跨境争议解决机制多元化。通过强化国际化制度和规则的衔接，为开放创新合作不断开拓广阔空间。

（2）率先形成最严格的知识产权保护体系。深圳出台《深圳经济特区知识产权保护条例》，率先实施惩罚性赔偿制度，明确侵犯知识产权行为的违法经营额计算、赔偿标准问题。率先界定证据妨碍排除规则的适用标准，破解知识产权侵权"举证难"。完善行政执法和刑事司法衔接机制，构建知识产权违法行为信用惩戒机制。实施行政执法和司法审判技术调查官制度，准确查明认定技术事实。创新知识产权"速裁＋快审＋精审"三梯次审判工作模式，降低知识产权维权成本。

（3）建立大湾区协同创新发展机制。深圳不断加强财政科研资金跨境便利流动，允许港澳高校、公营科研机构等单独申报深圳科技计划项目，市财政资助资金可依据立项合同在深港澳三地使用，促进科研资金便利流动。支持深圳市高校、科研机构、企业与港澳高校、科研机构开展合作，推动粤港澳大湾区产学研融合。适应港澳科研习惯，在项目申报、合同签订、经费使用、项目验收等方面加强与港澳规则衔接。探索创新大湾区标准化协同机制，支持在前海合作区以市场化方式发起成立粤港澳大湾区标准创新联盟，探索粤港澳大湾区标准生成孵化机制，以市场和创新为导向，开展重点领域大湾区标准研制，促进大湾区三地标准互联互通。

5.2.4　以人为本建设创新型城市

回顾深圳 40 多年先行先试的探索历程，城市发展由以"投资驱动"为主的"过去式"迈入以"创新驱动"为主的"进行时"，城市的治理核心逐步从围绕"产业"发展向以"人"为核心要素转变，积极开展"人城产"创新实践。深圳突出人才地位和作用发展产业，发挥人才带动产业发展的能动性，以新人才带动新产业链，发掘产业链核心岗位引才来补齐人才链断环。深圳坚持"创新赋能、因才而兴"的理念，以"人"为本建设创新型城市，关注人才生产生活、行为活动的需求，以建设花园城市为主，提质城市公共服务和基础设施，通过城市创新及品位提升，吸引更多人才来深创新创业。

（1）提升城市治理能力。深圳以满足人民群众对美好生活的向往为出发点，创新基层治理模式，打造国际化街区。通过小区数字治理指挥中心对接整合辖区各子系统和智能感知设备，实时掌握全局动态资料、居民要求和回馈情况，形成小区党组织领导、小区居民委员会负责、驻区单位协同、群众广泛参与、科技支撑赋能的基层治理格局。深圳推进首批 20 个国际化街区建设，营造具有国际水平的宜居宜业环境，打造国际先进生产要素、知识技术和高端人才集聚的重要载体，为促进城市治理体系和治理能力现代化探索新路。深圳还率先构建"自然公园—城市公园—小区公园"三级公园建设体系，率先实现公交车和巡游出租车全面纯电动化、环卫车及牵引车等纯电动重卡规模化和商业化推广、创新生活垃圾分类与处理等举措，助力深圳成为更洁净的生态文明城市。

（2）完善公共服务供给。深圳不断完善医疗、教育等民生领域的服务保障，让人才通过基本公共服务与城市建立联结，凭借公平、均等、高效的基本公共服务供给，使人才感受城市的温度。在医疗健康方面，率先出台《深圳经济特区健康条例》，明确规定组建基层医疗联合体、建立居民电子健康档案、为签约居民制定个性化健康服务包；同时建立"区局医疗中心＋基层医疗集团"为主体的整合型医疗卫生服务体系，使基层医疗集团成为履行政府"保基本、促健康"职能的服务共同体、责任共同体、利益共同体、管理共同体。在教育方面，实施集团化办学和联盟式发展模式，通过骨干教师流动、教育教学资源共享等方式，缩小校际教育质量差距，并以学生学习成效为导向，率先建立职业教育产教深度融合模式。在民生服务方面，以国家标准为基础，对标国际标准，保障食品安全，并系统整合政务服务热线"12345"、政府信箱、微信、微博等多个民生要求受理通道，建成"集中受理、统一分拨、全程监督、闭环运转"的民生要求分拨体系。

（3）优化营商环境。近年来，深圳市政府以集聚人才、夯实人才保障作为优化营商环境的基本价值导向，不断通过深化简政放权、放管结合和优化服务改革，为鼓励人才创新创业，破解阻碍企业经营发展的痛点堵点，提供了市场化、法治化、国际化的一流环境支撑。2013 年，《深圳经济特区商事登记若干规定》正式实施，深圳在全国率先推进商事制度改革。2018～2021年，深圳连续四年迭代推出了四版营商环境改革政策，从"搭框架"，到"夯基础"，再到"补短板"，最后到"促提升"，不断完善营商环境政策体系，推出了"秒批"服务和"不见面审批"等一系列服务，深圳政府的行政审批效率全国领先。深圳营商环境的提升主要得益于四个方面：一是用足特区立法权完善法治环境。出台实施《深圳经济特区优化营商环境条例》《深圳经济特区个人破产条例》，深圳营商环境法治保障和制度支撑得到夯实，也为全国立法输送了"深圳样本"。二是全力提升市场主体活力。充分发挥市场在资源配置中的决定性作用，深圳率先探索有利于高效配置要素的市场体系，强化土地、资金、人力、技术等各类生产要素供给保障，切实降低企业综合营商环境成本。推动制定深圳放宽市场准入特别措施清单，坚决破除各种隐性壁垒和不合理门槛，保障不同所有制企业公平参与市场竞争。截至目前，深圳的商事主体数和创业密度多年保持全国第一，已成为企业成长的沃土。三是对接国际通行经贸规则。深圳率先推出了便利通关"新29条"，大力推行"湾区组合港"，显著降低企业通关物流成本，助推深圳外贸出口连续28年居全国之首。深圳充分依托前海、河套深化对港澳开放合作，对外开放高地进一步形成。四是推动数字治理能力进一步提升。通过推动数据共享、业务协同、流程重塑，建立全市统一的市场主体服务平台，实现涉企的 2800 多项业务"一站办"。建立了全市统一的公共资源交易平台，推进"平台之外无交易"。

| 第6章 |

广州：以科学引领产业发展，
建设科技创新强市

改革开放以来，广州作为沿海开放城市和综合改革试验区的中心城市，秉承千年商都优势，实现了从现代化大都市向国际科技创新枢纽的转变。尤其是党的十八大以来，广州将创新驱动发展战略作为城市发展的主导战略，通过实施国际人才战略、突出企业创新主体、完善优势转化机制、建设知识产权枢纽、完善创新驱动制度，积极探索推动科技创新的广州路径。创新型城市建设取得重大进展，城市创新体系逐步完善，创新文化环境不断优化，实现了从依靠技术引进到坚持自主创新的凤凰涅槃，把过去依靠资源、土地、劳动力的要素驱动型的粗放式、外源型经济增长模式，转变为依靠科技进步与提高劳动者素质的创新驱动型增长模式。未来广州将迈入科学引领产业发展新阶段，锚定"科学发现、技术发明、产业发展、人才支撑、生态优化"的全链条创新发展路径，不断向科学技术广度和深度进军，力争打造成为世界重大科学发现和技术发明先行之地、国际科技赋能老城市新活力的典范之都、全球极具吸引力的高水平开放创新之城。

6.1　发展历程

6.1.1　1978～1990 年：科技与经济结合发展

1978 年 3 月召开的全国科学大会，迎来了科学的春天，开启了科技创新的新局面。广州贯彻执行党中央科技工作的各项部署，高度重视科技与经济的结合，率先推进各项科技体制改革，加大力度推广科技成果应用，贯彻执行"国家技术改造计划"（20 世纪 80 年代早期）、"国家重点技术发展项目计划"（20 世纪 80 年代早期）、"国家科技攻关计划"（1983 年）、"国家重点实验室建设计划"（1984 年）、"星火计划"（1985 年）、"863 计划"（1986 年）和"火炬计划"（1988 年）等，同时，广州对科技体制进行了大胆改革和探索，1987 年制定了《广州市科技体制改革试点方案》《广州市科学技术拨款暂行办法》，1988 年形成了《广州市 1988 年深化科技体制改革意见》。通过这些科技政策和计划的实施，广州市加强技术改造和产学研合作、加快移植和消化国内外先进技术的步伐，努力发展关键技术和重点产品，产生了大量的科学技术成果，提高了企业的技术装备，"星期六工程师"名闻遐迩，技术创新体系建设由此拉开了序幕。截至 1990 年，广州有 67 个市属科研所，其中，60 个已实行所长负责制或任期目标责任制。科研单位创办了 35 个技术经济实体[①]。天河高新技术产业开发区开始筹建，高技术产业平台起步发展。在此阶段，广州以引进和发展劳动密集型轻纺工业为主，到 1988 年轻纺工业占工业产值的 65.96%[②]，快速促进了城市经济起飞。之后，广州在技术创新体系的支撑下，外接国际产业发展，内对国内市场需求，以支柱产业的重点突破推动产业转型升级，开启了科技与经济结合探索发展阶段。

---

①　易卫华. 改革开放以来广州科技体制改革的回顾与展望［A］. 于欣伟. 中国广州科技创新发展报告（2018）［M］. 北京：社会科学文献出版社，2018：102.

②　兰学文. 改革开放 40 年广州产业发展回顾与展望［J］. 中国经贸导刊，2018（26）.

6.1.2   1991～2005年：建设区域性科技中心城市

1991年，中共广州市委五届八次会议通过《中共广州市委关于制定广州市国民经济发展十年规划和"八五"计划的建议》，正式把"科技兴市"列入十年规划和"八五"计划。1992年9月，广州市人民政府颁布《广州市科技兴市规划（1990—2005年）》，提出要全面贯彻"科学技术是第一生产力"和"经济建设必须依靠科学技术，科学技术必须面向经济建设"的基本指导思想。2003年是广州科技发展的一个重要转折期，根据历年广州统计年鉴数据显示，2003年广州高新技术产品产值已突破1000亿元，占工业总产值的比重从1995年的8.1%提高到2003年的23.8%，科技竞争力和整体经济实力明显提高。同年，胡锦涛同志视察广州，提出要大力实施科教兴国战略和人才战略，通过科技创新和发展人才效应不断增创新优势。广州随后提出了"建设区域性科技中心城市的战略构想"，把科技创新作为广州推进现代大都市建设和经济社会发展模式转型的重大战略举措。这一阶段，广州继续加大改革开放的力度，增强科技为经济服务的能力，严格贯彻落实党中央和广东省的科技工作部署，面向经济建设第一线，贯彻"有所为、有所不为"的工作思路，着重抓好各项科技政策与部署的落实，积极推进区域科技创新体系建设，不断理顺创新系统的运行机制，以高新技术产业发展政策、企业技术创新支持政策、知识产权保护与技术市场管理政策为重点，采取有力措施推进技术中介服务机构建设，安排实施各类科技专项，拓展技术贸易，扩大科技合作与交流，形成了内容丰富、覆盖广泛的政策体系。在此阶段，广州的科技和产业实现了长足发展，根据历年广州统计年鉴数据显示，2005年，广州研究与发展经费支出占国内生产总值的比重为1.66%，工业高新技术产品产值达1710.44亿元，占工业总产值的25.3%。金发科技、达安基因等8家高新技术企业在境内外上市，软件和生物医药产业规模位居国内前列，新材料、光电子、集成电路等方面也形成了一定的产业规模。工业增长速度明显加快，年均增速比改革开放初期的十年高出8个百分点左右，工业在产业结构中的比重保持在 35% ~ 40%，形成了电子、汽车、摩托车、日用电器、纺织、服装、食品饮料、医药、石油化工、钢铁、建筑与房地产、金融保险、商贸旅游等支柱产业。

6.1.3 2006~2015 年：建设国家创新型城市

2006 年，我国进入深入推进自主创新战略、建设创新型国家的全新发展轨道。对应国家层面提出的"自主创新""创新型国家"发展战略，广州制定了建设"国家创新型城市"的发展目标。2006 年 11 月，广州市召开了建设创新型城市工作会议，明确提出要举全市之力，在 2015 年将广州建设成为创新型城市，强调要把提高自主创新能力、建设创新型城市，作为调整经济结构、转变经济增长方式的中心环节来抓。2010 年，广州获批国家创新型城市建设试点，广州围绕建设创新型城市的要求，集聚国内外创新资源，加速创新成果转化，提升企业创新主体地位，加大重点支柱产业和领域关键技术攻关，推动高新技术产业快速发展，自主创新和创新型城市建设不断取得新突破。在这一阶段，广州先后出台了一系列政策法规，制定了《广州市关于提高自主创新能力的若干规定》《广州市科技创新促进条例》《广州市科学技术普及条例》，建立科技创新"1+9"政策体系，企业研发费用税前加计扣除、高新技术企业税收优惠等普惠性政策落实良好。广州还实施了财政科技经费倍增计划，深入开展科技计划管理改革，市场在配置创新资源中逐步发挥重要作用。广州市的经济发展动力由要素推动阶段进入了创新推动阶段，技术创新也相应地从技术引进、改良创新进入自主创新阶段，自主创新能力成为科技竞争力的核心。到 2011 年，广州产业发展已实现"四个超60%"，即服务业增加值占地区生产总值比重达到 61.5%，先进制造业增加值占规模以上工业增加值超 60%，服务业对经济增长的贡献率达 60.5%，以服务经济为主体的产业结构基本形成①。"十二五"时期，广州技术创新源头资源建设成效显著，科技产出大幅提升，高新技术产业迅速发展，技术

---

① 兰学文. 改革开放 40 年广州产业发展回顾与展望 [J]. 中国经贸导刊，2018 (26).

创新成就十分显著，科技体系结构不断优化。截至 2015 年，广州已建成国家级重点实验室 19 家、国家地方联合工程实验室 16 家、工程技术研究开发中心 18 家、企业技术中心 22 家，经认定的国家高新技术企业数量达到 1919家。高新技术产品产值 8420 亿元，占规模以上工业总产值比重 45%，战略性新兴产业增加值占 GDP 的比重达到 9.7%①。广州高新区、中新知识城、琶洲互联网创新集聚区、广州大学城、国际生物岛、天河智慧城、国际创新城等重大创新载体建设不断推进，以广州为核心的珠三角国家自主创新示范区获国务院批准建设，形成了商贸会展、金融保险、现代物流、文化旅游、商务与科技服务、汽车制造、石油化工、电子产品、重大装备以及新一代信息技术、生物健康产业、新材料与高端制造、时尚创意、新能源与节能环保、新能源汽车等产业发展"9 + 6"体系。

6.1.4 2016～2020 年：打造国际科技创新枢纽

以新发展理念为指引，在国家、广东创新驱动发展战略大背景下，广州深入贯彻落实习近平总书记对广东经济工作重要指示批示精神和党的十九大精神，把创新驱动发展战略作为城市发展核心战略和总抓手。以建设具有国际影响力的国家创新中心城市为总目标，发挥建设国家科技产业创新中心的龙头作用，加快珠三角国家自主创新示范区和全面创新改革试验核心区建设，嵌入全球创新链条、融入全球创新网络，打造国际科技创新枢纽，努力建设成为珠三角地区创新发展主引擎、建设世界科技强国排头兵、国际创新人才基地、国际创新创业新高地，推动创新成为引领发展的第一动力。加快建设科技创新强市，共建粤港澳大湾区国际科技创新中心和大湾区综合性国家科学中心，不断推动科技创新、管理创新、产品创新、企业创新、产业创新、市场创新、业态创新等领域发展，提升城市创新能力。先后修订《广州市科技创新条例》《广州市科学技术普及条例》，完善科技创新"1 + 9"政策体系，制定科技创新强市建设三年行动计划、

---

① 资料来源：《广州市科技创新第十三个五年规划（2016—2020 年）》。

"广州科创 12 条"等一系列全局性、前瞻性的政策文件，实施合作共建新型研发机构经费使用"负面清单"、科研项目经费使用"包干制"管理等"放管服"改革试点。加强区域发展的统筹规划，优化广州科技创新空间布局，促进全市科技创新区域协调发展，打造广州科技创新走廊，促进中新广州知识城、科学城、天河智慧城等创新板块紧密联系。扩大国际科技合作，建立自贸试验区和国家自主创新示范区的"双自联动"机制，集聚国际科技创新资源。实施科技企业孵化器增长计划，引导支持孵化器建立和完善服务体系，引进国外科技创业孵化资源，做强一批龙头专业孵化器。支持国内外大型骨干企业、高校和科研机构组建创业与孵化育成相结合、产学研紧密结合的研发机构，促进研发机构投资主体多元化、管理制度现代化、发展模式国际化、运行机制市场化。强化企业创新主体地位，培育科技创新"小巨人"企业和高新技术企业，实施百家创新标杆企业重点服务工程，建立企业技术研发体系，推动科技与金融融合。落实企业研发经费加计扣除制度，加大财政对科技创新支持力度，努力营造有利于创新创业的制度环境。广州的科技创新水平跻身全国前列，在全球创新版图中的位势进一步提升。"广州—深圳—香港创新集群"在 2020 年全球创新集群百强中位居第 2 位。广州在"自然指数—科研城市"排名跃升至全球第 15 位，在入选中国城市中，排名从 2015 年的第 9 位上升到第 5 位①。智能装备及机器人、新一代信息技术、生物医药与健康医疗、智能与新能源汽车、新材料、新能源、都市消费工业、生产性服务业等产业快速发展，"IAB"（新一代信息技术、人工智能、生物医药）产业已经成为整个工业经济发展战略的主引擎，打造了若干千亿级产业集群，有力支撑广州集聚国际高端要素，进一步提升城市吸引力、创造力、竞争力。

6.1.5　2021 年至今：打造科技创新策源地

当前，广州科技创新已经由产业主导模式发展到"以科学引领产业"的

_____

① 资料来源：《广州市科技创新"十四五"规划》。

新阶段，随着粤港澳大湾区、中国特色社会主义先行示范区"双区"建设与全面创新改革试验区、自由贸易试验区、国家自主创新示范区"三区"联动叠加，广州加快向建设现代化国际大都市、具有全球影响力的科技创新强市迈进。广州将围绕"科学发现、技术发明、产业发展、人才支撑、生态优化"科技创新全链条，不断向科学技术广度和深度进军，努力开创科技创新高质量发展新局面，加快发展现代产业体系，推动经济体系优化升级，树立全国科技创新标杆。力争在重点领域取得全国领先、全球一流的战略性优势，科技创新整体实力达到世界主要城市先进水平，创新之城更加令人向往，成为世界重大科学发现和技术发明先行之地、国际科技赋能老城市新活力的典范之都、全球极具吸引力的高水平开放创新之城。图6-1为广州国家创新型城市建设发展历程。

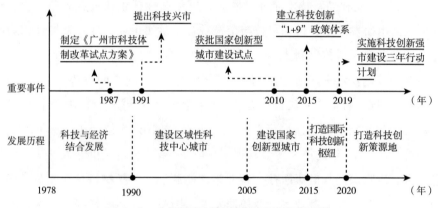

图6-1 广州国家创新型城市建设发展历程

资料来源：作者整理。

6.2 经验与亮点

6.2.1 以完善的创新平台体系构筑科学发现先发优势

广州以打造世界级研究机构和平台、世界一流大学和一流学科为重点，聚集了全省80%的高校、97%的国家级重点学科，拥有中山大学、华南理工大学2所世界一流大学建设高校和18个"双一流"建设学科，华南理工大学广州国际校区、香港科技大学（广州）、中国科学院大学广州学院相继落户。同时，以南沙科学城为主要承载区共建大湾区综合性国家科学中心，不断完善重大科技基础设施、实验室、高水平创新研究院建设，以"2＋2＋N"科技创新平台体系建设为核心（见图6－2），形成了全方位、系统化创新布局，战略科技力量建设取得重大突破，推动广州创新发展实现从量的积累向质的飞跃、点的突破向系统能力的提升。2020年《全球创新指数报告》中"穗深港创新集群"排名全球第2位，广州在"自然指数—科研城市"排名跃升至全球第15位；深海可燃冰钻采和基于"天河二号"的创新应用两项成果入选2020年中国科技十大进展[①]。

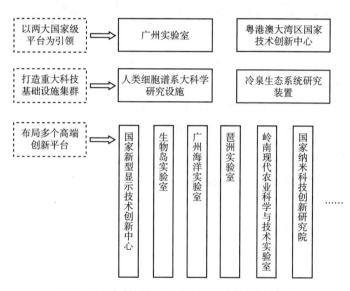

图6－2 广州"2＋2＋N"科技创新平台体系

资料来源：作者整理。

（1）以两大国家级平台为引领。整合优势资源，全力推进广州实验室建设，打造推进源头创新的国家战略科技力量。广州实验室瞄准呼吸系统疾病

---

① 资料来源：《广州市科技创新"十四五"规划》。

及防控领域的核心科学和技术难题，开展基础研究和应用基础研究，在提升
重大传染病的主动防控和治疗水平，推动相关创新药物疫苗研发，加速具有
自主知识产权的高端诊疗设备落地转化，促进临床诊疗规范的更新推广等方
面都发挥了重要推动作用。高标准建设粤港澳大湾区国家技术创新中心，由
广东省政府、广州市政府和清华大学等联合发起，通过引进一批清华大学及
国内高校科研院所的先进成果，以及和国家实验室、国家重点实验室、行业
龙头企业的顶级研究机构深度合作，围绕集成电路与关键软件、生物医药与
器械、智能制造与装备等领域，突破"卡脖子"技术，锻造"长板"技术，
打造全链条产业创新网络，促进新兴产业培育壮大、优势支柱产业转型升级
以及未来产业布局，推动区域创新发展。

（2）打造重大科技基础设施集群。广州聚焦国家战略需求，大力培育国
家战略科技力量，围绕深海、深地、深空等科技前沿领域，以人类细胞谱系
大科学研究设施、冷泉生态系统研究装置两个重大科技基础设施为前沿研究
战略支撑，打造重大科技基础设施集群，建设国家级科研基地。协同推动省
实验室、国家重点实验室、高水平创新研究院等创新发展，引导社会资本加
大基础研究投入，力争取得从"0"到"1"的突破。

（3）布局多个高端创新平台。加快建设国家新型显示技术创新中心，以
提升广州新型显示产业创新能力与核心竞争力为目标，完善构建新型显示产
业链。围绕支撑产业需求，加快推进生物岛实验室、广州海洋实验室、琶洲
实验室、岭南现代农业科学与技术实验室四个省级实验室建设，迅速吸引了
一批高水平学科带头人，取得一批高水平研究成果，打造科技创新生力军。
同时，面向新兴和未来产业发展需求，广州还成建制、成体系、机构化引进
多家国家级大院大所和顶尖高校落户建设高水平创新研究院，如广东粤港澳
大湾区国家纳米科技创新研究院、广东空天科技研究院等。目前已有10家
研究院获省级高水平创新研究院认定支持，占全省的83.3%。广州构建了以
实验室体系、技术创新平台体系、孵化育成体系三大创新平台为核心，由
3145个省级以上各类创新平台构成的高端创新平台体系；其中，新一代信息
技术、人工智能、生物医药、新能源、新材料、海洋科技六大领域的创新平
台占比约50%，聚集了国内外院士、长江学者等高层次人才超过270人，获

得国家科技进步奖、国家自然科学奖等国家级奖项 51 项①。这批高端创新平台的建设有效支撑了相关领域创新发展。

6.2.2 以促进创新链与产业链融合赋能实体经济发展

广州发挥科研资源优势，持续畅通科研成果从样品到产品再到商品的转化链条，强化创新要素和产业要素的集聚整合，走出一条从科技强到企业强、产业强、经济强的高质量发展道路。②

（1）强化创新链技术育成能力。在源头创新力量的支撑下，广州围绕创新链布局产业链，促进产学研结合，强化科技创新成果转化，疏通创新链条的堵点和难点，打通"科研—转化—产业"全链条。一是加强科研平台建设。推动建设一批国家级重点实验室、工程技术研发中心和企业技术中心，提升广州在国家科技创新战略中的地位。"十三五"期间，广州国家、省、市重点实验室数量分别达 21 家（占全省 70%）、241 家（占全省 61%）、195 家，建设 10 家粤港澳联合实验室（占全省 50%），省级新型研发机构数量达 63 家，连续 5 年居全省首位。二是大力推进科技成果转移转化。广州构建"一中心三基地多层次"的科技成果转移转化服务体系，华南（广州）技术转移中心正式上线"华转网"，实现与港澳线上平台互联互通；建设华南（广州）技术转移中心和环华工、环中大、环大学城科技成果转化基地。不断完善科技成果转化制度，先后于 2015 年、2022 年两次出台《广州市促进科技成果转化实施办法》。最新的办法指出，科技成果转化净收入的七成以上可奖励给成果完成人、科研人员，可通过离岗创业或兼职等方式从事成果转化活动；市财政给予每家不超过 200 万元支持工作成效明显的单位建设科技成果转化试点。科技成果转化制度的不断完善，为科技成果转化工作提供正确的方向，切实发挥科技创新支撑作用。此外，广州还通过实施促进科

---

① 中央广电总台国际在线. 广州大力推动科技创新以科学引领产业成效显著［EB/OL］.（2020－09－25）［2023－02－20］. https：//gd. cri. cn/2020－09－25/8cdeadad－abae－8d0e－eadd－d18f7efafbe1. html.

② 除具体标注外，本节关于广州市相关资料均来源于《广州市科技创新"十四五"规划》。

技成果转移转化行动，完善广州市科技成果转化平台，促进技术交易市场发展，多举措支持科技成果转移转化，打通科技成果转化"中梗阻"。"十三五"期间，广州实现技术合同成交额达 2256 亿元，是 2015 年的 8 倍多，居全国第二。三是完善孵化育成体系建设。广州贯彻落实科技企业孵化器"专业化、资本化、国际化、品牌化"的高质量发展理念，在全国率先制定孵化器绩效评价指标体系，推动全市科技企业孵化器不断提升服务能力和水平，实现高质量、可持续发展。科技企业孵化器和众创空间从 2015 年的 119 家、14 家增至 2020 年的 405 家、294 家，国家级科技企业孵化器和国家备案众创空间增至 41 家、54 家，总体数量和考核优秀数量均位居全国前列。

（2）围绕产业链部署创新链。广州立足振兴战略性主导产业和培育战略性新兴产业需要，大力部署科技创新链条，强化企业创新主体地位，发挥国企的创新带动作用，加强关键核心技术攻关，聚力突破重点产业领域短板和痛点问题，支撑产业高质量发展。一是推动产业链关键核心技术攻关。建立"产业界出题、科技界答题"机制，围绕制约产业发展的薄弱环节，组织开展关键核心技术攻关。实施重点领域研发计划，布局新一代通信与网络、人工智能、智能网联汽车、新能源、脑科学与类脑研究、健康医疗、生物医药、新材料、海洋经济 9 大专项，推出全球首款石墨烯电子纸、载人无人机和 31 英寸喷墨打印柔性显示样机，自主研制的飞行时间质谱仪等产品打破国外技术垄断。二是提升企业技术创新能力。广州充分利用财政资金、政府采购、土地、融资、税收、政府奖励等政策，优化市科技计划支持企业研发的机制，在市重点领域研发计划专项、科技创新券、高企政策性后补助等方面给予专门支持，大力发展风险投资基金，发挥"四两拨千斤"的杠杆效应，调动企业科技创新投入热情。大力推进科技"小巨人"企业培育工程和创新型企业示范工程等企业创新工程，发挥高企在科研攻关中的核心骨干作用，鼓励高企加大研发投入，认定高企最高奖励 100 万元，部分区叠加可达150 万元。鼓励有实力的企业参与制定国家和国际技术标准，积极支持优质企业推进国际质量认证、环境管理体系认证和行业认证。大力推进以企业为核心的产学研创新联盟，提高集群创新能力。2015 年以来，高新技术企业数量从 1919 家增至 2020 年的 1.2 万家，营收百亿元、十亿元、亿元以上高企分别增长 150%、175% 和 204%。国家科技型中小企业备案入库三年累计数超 3 万家，居全国城市第一。三是增强国有企业创新能级。广州强化国有企业创新发展，首创"政策＋联盟＋基金"模式，从制度、组织、资本三个层面全方位鼓励和支持市属国企创新发展。截至 2021 年底，广州国资系统国家级研发机构 43 个、院士工作站 12 个，均居副省级城市第一，各级研发机构合计 598 个，拥有高新技术企业 269 家，高新技术产品产值率达 67%，多家市属国企成为高科技行业的领军企业，国有资本加快向未来产业和战略性新兴行业集聚。广州无线电集团现金智能设备市场占有率连续 13 年全国第一，军用通信导航设备国内综合排名第一；广汽集团在新能源汽车 5G 互联、自动驾驶、远程遥控等技术领域全国领先，是新能源行业最快实现产销突破 10 万辆的车企①。

（3）增强产业发展动能。以产业需求为导向，推动创新资源向产业集聚，提升数字经济产业能级，增强"广州智造"核心竞争力；促进新技术新产品加快产业化应用，拓展新兴技术应用场景，培育发展新业态新模式，培育具有国际竞争力的创新型产业集群。一是以"链长制"为抓手统筹推动产业链创新发展。围绕 21 条产业链布局创新链，出台支持汽车及核心零部件产业稳链补链强链 20 条"干货"政策，构建支持产业链创新发展的政策体系。二是聚焦重点领域打造战略性产业集群。围绕新一代信息技术、人工智能、生物医药、新能源汽车、新能源、新材料等重点领域，出台产业专项政策，推动一批高精尖项目建设，初步形成了一批具有竞争优势的战略性新兴产业集群。其中，智能制造和生物医药两个产业集群入选国家发展改革委公布的首批战略性新兴产业集群名单。三是产业创新平台引领产业创新发展。通过布局产业创新平台，持续优化产业链创新生态体系，"十三五"期间，广州获批建设全国在新材料领域首个国家先进高分子材料产业创新中心、华南第一家生物材料出入境公共服务平台、全省首个区域细胞制备中心、全省首个印刷及柔性显示国家级制造业创新中心等重大创新平台，产业创新实力不断增强。四是依托产业载体提升产业聚集能力。高起点谋划建设一批技

---

① 经济参考报. 让国企在科技创新中唱主角——广州国企科创实力持续提升［EB/OL］.（2022 – 03 – 28）［2023 – 02 – 28］. http：//www. jjckb. cn/2022 – 03/28/c_1310532108. htm.

术、人才密集的产业集聚区，包括广州人工智能与数字经济试验区、琶洲核心区、南沙科学城、中新广州知识城、广州科学城、广州国际创新城、天河智慧城、广州国际生物岛等，逐渐发展成为战略性新兴产业的主要集聚区与国际科技合作高地。

6.2.3 以世界一流的智力资源支撑科技创新强市建设

广州全力集聚国内外"高精尖缺"人才，全方位优化人才发展环境，实行更积极、更开放、更有效的人才引进政策，加快构筑具有高度竞争力、辐射力、引领力的全球创新人才战略高地，为科技创新强市建设提供有力支撑。

（1）全面推进人才发展战略和政策措施。作为国家中心城市、广东省省会、粤港澳大湾区核心城市，广州进一步强化创新资源、人才资源集聚的比较优势，紧紧围绕"湾区所向、港澳所需、广州所能"，全力聚集国内外高端人才，着力打造"国际人才港"，推进大湾区人才高地建设。近年来，广州通过实施产业领军人才"1+4"政策、高层次人才支持政策、岭南英杰工程、"人才绿卡"制度、红棉计划、高端外国专家引进项目、"菁英计划"、基础教育高层次人才项目、金融高层次人才项目、高层次卫生人才项目、"广聚英才计划"等一系列人才政策和举措，为集聚高层次人才提供了有力支撑。截至2020年，在穗工作的两院院士达115名，钟南山院士荣获"共和国勋章"，徐涛院士、赵宇亮院士、施一公院士、王晓东院士等顶尖科学家纷纷来穗创新创业，累计认定外籍高端人才3234人，发放人才绿卡7600余张，全球科技创新显示度和人才吸引力不断增强①。

（2）建立国际一流的人才支持体系。广州探索实施人才举荐制，构建"认定+评定+推荐"的人才综合评价体系，挖掘并支持一批大湾区急需紧缺人才。发挥用人主体自主评价作用，鼓励企事业单位自主建立人才评价标准，并支持纳入全市行业人才评价体系。实施团队带头人全权负责制，赋予

---

① 资料来源：《广州市科技创新"十四五"规划》。

其用人权、用财权、用物权、技术路线决定权、内部机构设置权和人才举荐权，优先保障经费支持和工作条件。引育一流产业人才团队，对成长性好或业绩突出的团队予以滚动支持或追加资助，探索按"一人一策""一企一策"方式量身创设发展条件。探索实施"人才投""人才贷""人才保"项目，为人才提供系列金融服务。率先在全国实现外国高端人才工作许可和工作类居留许可"一窗办理"，将"外国人工作许可事项"办结时限压缩到 5个工作日。在市属三甲医院探索实施国际医疗保险结算服务和人才医疗网上挂号平台，在有条件的中小学探索开展双语教学试点，让海外人才子女尽快适应国内求学环境，为人才和配偶双方父母提供广州市户籍老人公共交通乘车优惠等。

（3）打造南沙国际化人才特区。广州南沙出台《广州南沙新区创建国际化人才特区实施方案》，深入开展国际化人才管理改革试验，建立具有竞争优势的人才引进培养机制，构建灵活高效的人才使用和激励机制，创新人才跨境便捷流动机制，优化人才服务保障，打造粤港澳大湾区人才集聚新高地。通过实施差异化人才户籍政策、支持英雄不论出身"揭榜挂帅"、赋予国有企事业单位更充分的用人自主权、多元化评价人才、健全外籍人才工作和停居留政策、便利人才在南沙购买自住商品房乃至为人才提供多元化医疗服务等措施，积极探索有利于人才发展的政策和机制。

6.2.4　以优质的创新生态环境激发城市创新创业活力

广州不断推进创新环境建设，进一步提升企业创新活力，促进要素的流通，降低制度性成本，为企业纾困，提升城市核心竞争力。

（1）推动科技管理向创新治理转变。广州通过发挥政府的引导作用和市场的基础性作用，加快政府职能转变，建立健全行政决策、执行、监督有效衔接的运行机制。近年来，广州修订《广州市科技创新条例》《广州市科学技术普及条例》，完善科技创新"1+9"政策体系（见表 6-1），制定科技创新强市建设三年行动计划、"广州科创 12 条"等一系列全局性、前瞻性的政策文件，实施合作共建新型研发机构经费使用"负面清单"、科研项目经费使用"包干制"、推行项目攻关"揭榜挂帅"制、实施"以赛代评""以投代评"机制等"放管服"改革试点，放宽科技经费使用门槛，全面激发创新创业活力。广州创新资源配置机制，突出企业在科技创新中的主体地位，建立科技创新发展资金由国家独揽转向"政府引导＋社会参与"的机制，以及由市场决定技术创新项目和经费分配、评价成果的机制。深化高校和科研院所科技成果所有权改革，探索对科研人员实施股权、期权和分红激励，用好省下放的正高级职称评审权。全面加快粤港澳大湾区规则对接和要素跨境流动，市级科技计划面向港澳开放，率先实现财政科研资金跨境拨付香港，在全省率先落实粤港澳大湾区个人所得税优惠政策，充分调动了科研人员创新的积极性，促进创新资源自由流动、合理配置。

表 6 – 1　　　　　　　广州市科技创新"1＋9"政策体系

文件类别	文件名称
"1"主体文件	
科技创新综合政策	《中共广州市委 广州市人民政府关于加快实施创新驱动发展战略的决定》
"9"配套政策文件	
科技创新综合政策	《广州市人民政府关于加快科技创新的若干政策意见》
金融与产业融合政策	《广州市人民政府关于促进科技、金融与产业融合发展的实施意见》
新型研发机构建设政策	《广州市人民政府关于促进新型研发机构建设发展的意见》
创业孵化政策	《广州市人民政府办公厅关于促进科技企业孵化器发展的实施意见》
企业研发投入补助政策	《关于对市属企业增加研发经费投入进行补助的实施办法》
企业研发投入后补助政策	《广州市企业研究经费投入后补助实施方案》
落实创新驱动重点工作	《广州市关于落实创新驱动重点工作责任的实施方案》
科技成果转化政策	《广州市促进科技成果转化实施办法》
人才政策	《关于加快聚集产业领军人才的意见》

资料来源：作者整理。

（2）建立充满活力的创新创业生态①。广州作为千年商都和国家历史文化名城，历来是中国最开放城市之一，历史人文积淀深厚，城市包容性强，其开放、包容、创新、务实的文化精神，成为推动广州自主创新、经济社会

---

① 资料来源：《广州市科技创新"十四五"规划》。

持续发展的内在动力。2020 年，广州全社会研究与试验发展（R&D）经费支出达 774.84 亿元，占 GDP 比重从 2015 年的 2.1% 提升至 3.1%，五年增幅居全国主要城市首位。广州强化科技金融供给，构建"创、投、贷、融"科技金融生态圈，加强金融供给对科技型中小企业的"育苗"作用，充分发挥广州科技创新母基金作用，推动子基金"投早""投小""投科技"。通过发展科技信贷，发挥广州科技型中小企业信贷风险损失补偿资金池作用，对初创期科技企业加大风险损失补偿比例，多措并举解决中小企业融资难、融资贵等难题。"十三五"期间，依托中国创新创业大赛探索实施"以赛代评""以投代评"机制，50 亿元规模的市科技成果产业化引导基金投入运营，市科技型中小企业信贷风险损失补偿资金池撬动 23 家合作银行为 4000 多家企业发放贷款超过 300 亿元。广州还充分发挥作为全国唯一的知识产权综合改革"试验田"优势，全面建设广州知识产权交易中心、推动建立海外知识产权维权协作机构等，力争充分发挥创新试点的引领作用，营造良好的知识产权保护环境。广州还成功举办了《财富》全球科技论坛、小蛮腰科技大会、世界 5G（第五代移动通信技术）大会、中国海外人才交流大会、中国创新创业成果交易会、全国科普讲解大赛等高水平会议活动，创新文化氛围日益浓厚。

第 7 章

佛山：强化科技创新引领，打造具有国际影响力的制造业创新高地

佛山作为中国改革开放的先行区和重要的制造名城，在中国经济社会发展和改革开放大局中具有重要的战略地位及示范作用。改革开放以来，佛山依靠区位优势，以锐意改革、开拓创新的精神，实现了经济社会发展的历史性跨越。尤其是自 2018 年成为国家创新型城市试点以来，佛山通过优化三龙湾和高新区建设、引进重大创新平台、推动制造业转型升级、完善科技金融服务等，强化科技创新引领，积极探索传统制造业转型升级的佛山路径。未来佛山将强化科技创新，不断提升自主创新能力，加快推动传统制造方式向现代制造方式转变，打造具有国际影响力的制造业创新高地。

7.1 发展历程

7.1.1 1988~2007 年：专业镇建设开启创新发展新篇章

20 世纪 80 年代，佛山市依靠毗邻港澳的地缘和成本优势，通过"三来一补""前店后厂""马路经济"等方式，以镇街为单位自发集聚了一批产业相同、相近的企业，形成了"一镇一品"的专业镇经济形态，涌现出张槎针织、石湾陶瓷、澜石不锈钢等区域品牌。1988 年，佛山市开始组织实施火

炬计划，以发展高新技术产业作为全市产业结构调整与经济、社会进一步发展的导向，以高新技术产业集团化、国家化为目标，依托国内科技力量，坚持引进技术和自主开发研究相结合的方针，重点发展电子信息技术、光机电一体化技术、精细化工技术、生物工程技术和轻纺高技术等领域的高新技术产业。1992 年 12 月，国务院正式批准建立佛山国家高新技术产业开发区，自此，佛山大力发展高新技术产业及相关配套产业，逐步形成了光机电一体化、电子信息、新材料等特色产业。经过十余年发展，佛山在促进企业创新和产业发展上取得重要突破。截至 2007 年，佛山全市 31 个镇（街道），共有 24 个镇（街道）获得 30 个省级专业镇称号；全市共有中国名牌产品 53 个，中国驰名商标 17 件，广东省名牌产品 161 个，广东省著名商标 179 件[1]，中国名牌产品数排全国地级市之首；引进了与佛山产业结构特点相吻合的高校到佛山设立办事机构，与全国 50 多所高校、科研院所建立产学研合作关系，推动华南精密制造技术研究开发院、广东省数字媒体技术研究开发院、华南家电研究院等公共技术创新平台落户佛山，建立专业镇技术创新平台 20 个，建立了集产品研发、质量检测认证、职业教育培训、电子商务和现代物流为一体的技术创新中心。

7.1.2　2008～2017 年：产业发展推动创新型城市建设部署

为进一步集聚整合科技创新资源，充分发挥国家高新区引领、示范、带动作用，2008 年，佛山市委、市政府作出"一区六园"重大决策，对国家统一审核批准的广东禅城经济开发区、广东顺德工业园区、广东南海经济开发区、广东佛山南海工业园区、广东佛山高明沧江工业园区、广东佛山三水工业园区进行资源整合，实行"一区六园"的管理架构，提升各重点工业园区的建设和发展水平。通过引入和培育行业龙头企业，引领一批科技企业协同发展，在汽车配件、智能家电、机械制造等领域形成完整产业链。如引入美芝、松下、科龙、海尔等家电行业巨头，带动周边中小企业配套发展，打

---

① 施卫华. 抢抓机遇 改革创新 加快推进和谐佛山建设——佛山市市长陈云贤专访 [J]. 广东经济，2007（11）：18-25.

造出一条本地配套率超90%的家电产业链;引入日本本田、日本爱信等世界500强企业,带动一大批优质汽配项目进驻,形成了涵盖汽车配件生产、整车制造、销售及服务的完整产业链。

2012年11月,佛山市委、市政府作出实施创新驱动发展战略、建设国家创新型城市的部署,成立佛山市建设国家创新型城市工作领导小组办公室,相继出台了《关于实施创新驱动发展战略 建设国家创新型城市的决定》《佛山市建设国家创新型城市总体规划(2013-2020年)》《佛山市建设国家创新型城市实施方案(2013-2020年)》,提出要充分发挥广佛同城的地缘优势,全面构建一流的技术创新体系、一流的现代产业体系、一流的创新服务体系、一流的创新人才体系、一流的环境支撑体系,以创新促转型,以转型促发展,以发展促和谐,实现产业和城市发展的"双转型、双升级",全面提升城市综合竞争力。佛山以打造成"国际高端制造业基地""国家产业技术创新高地""全国科技、金融、产业融合发展实验区"和"国家创新驱动发展示范城市"为战略定位,着力实施企业创新主体提升、传统制造业创新升级、新兴产业培育提升、产业聚集提升、产业创新链条重点突破、创新人才建设、科技金融产业三融合、科技服务网络培育、知识产权战略推进、科技惠民十大创新工程,努力构建创新基础扎实、创新体系合理、创新机制灵活、创新绩效突出、创新环境优越、具有鲜明岭南特色和强大示范引领作用的国家创新型城市。

2013年1月,佛山先后出台了《佛山市科技创新团队资助办法》《佛山市重大科技项目资助办法》《佛山市科技创新平台资助办法》《佛山市专利资助办法》4个配套文件,从人才培养、项目支持、平台资助、专利奖励等方面为佛山建设国家创新型城市提供支撑。《佛山市科技创新团队资助办法》主要面向光电产业、新材料、新型电子信息、新能源、生物医药、节能环保、机械装备等产业和领域,加快引进一批瞄准国内外技术研发前沿、具有较强竞争力的科技创新团队;《佛山市重大科技项目资助办法》针对佛山经济和产业发展关键技术需求,选择关键领域与共性技术,组织科技攻关,旨在实现重点突破,获得一批拥有自主知识产权的重要技术和战略产品;《佛山市科技创新平台资助办法》的出台进一步统筹了创新要素的布局与建设,建设了一批高水平的科技创新平台，形成具有创新性、开放性、集聚性和可持续性的区域创新体系，全面提升佛山自主创新能力和创新效率；《佛山市专利资助办法》通过对发明专利创造资助、专利维权援助、企业专利支持、平台专利资助等，推动完善了佛山专利制度体系，形成科学的专利执法与管理机制，营造了良好的知识产权氛围。此外，佛山进一步修订了《佛山市科学技术奖励办法》，为佛山加快建设国家创新型城市提供有力保障。

2016 年，佛山部署打造面向全球的国家制造业创新中心，同时启动珠三角国家自主创新示范区建设，以"创建促发展"，推进佛山科技金融结合创新、加快新型研发机构建设、引进海外高层次人才、完善产学研协同创新体系、加强国际及粤港澳合作、完善科技孵化育成体系、加强知识产权运用与保护等，不断提高自主创新能力。

7.1.3　2018～2020 年：全面建设国家创新型城市

2018 年，科学技术部、国家发展改革委发文支持佛山等城市开展创新型城市建设。三年创建期间，佛山密集出台和修订了《佛山市高新技术企业树标提质行动计划（2018－2020 年）》《佛山市知识产权质押融资风险补偿专项资金管理办法》《佛山市科技创新团队资助办法》《佛山市科学技术局关于促进科技成果转移转化实施细则》等政策措施，积极落实科技创新扶持政策。《佛山市高新技术企业树标提质行动计划（2018－2020 年）》通过加强高新技术企业群体规模培育、推进高新技术企业创新能力建设、完善高新技术企业科技金融体系建设、发挥创新载体和科技服务机构作用等手段，促进科技型中小企业成长为高新技术企业、高新技术企业成长为规模以上企业，推动佛山高新技术产业发展。《佛山市知识产权质押融资风险补偿专项资金管理办法》按照"多级联动、政府引导、市场运作、风险共担、循环使用"原则，通过建立风险补偿资金池以撬动合作银行和社会资本对科技型企业的贷款投放量，解决科技型中小企业融资难问题。《佛山市科技创新团队资助办法》面向先进制造与自动化、电子信息、生物与新医药、新材料、航空航天、新能源与节能、资源与环境等产业与领域，引进资助一批具有竞争力的科技创新团队，带动各领域培育一批高新技术企业，逐步集聚形成优势产业。《佛山市科学技术局关于促进科技成果转移转化实施细则》细化明确了省科技奖培育项目、省和国家科技奖配套、科技成果转化平台、技术合同、国家技术转移示范机构和技术经纪人等资助的资助方式，推动成果转移转化对提升科技创新能力的重要作用，为加快建设国家创新型城市提供有力支撑。

2019 年，佛山市委、市政府正式印发《佛山高新技术产业开发区管理体制机制优化方案》，确立"一区五园"的发展格局和"市统筹、区建设"的管理体制，佛山高新区作为市政府派出机构，管理权限调整为由市委、市政府直接管理，大大激发佛山市创新活力。同时，佛山以市政府"一号文件"的形式印发《佛山市全面建设国家创新型城市促进科技创新推动高质量发展若干政策措施》，推出全面融入粤港澳大湾区国际科技创新中心建设、人才引育、基础研究和核心技术攻关、企业创新、科技创新平台建设、科技创新载体建设、科技金融深度融合、科技领域"放管服"改革 8 个方面 35 条政策措施支持科技创新，以体制机制创新营造良好创新生态。

7.1.4 2021 年至今：打造国家制造业创新中心

2021 年，佛山正式通过国家创新型城市评估，成功创建国家创新型城市。经过三年建设，佛山科技创新实力进一步凸显。在创新创业平台建设方面，季华实验室建设位居省实验室前列，成功研发"佛山一号"卫星并顺利升空。孵化育成体系也逐步发展，截至 2021 年底，佛山共有科技企业孵化器 115 家，众创空间 86 家，其中国家级均达到 23 家。在企业自主创新能力方面，2021 年，佛山高新技术企业达到 7100 家，其中标杆高新技术企业达到 130 家，集聚培育了科技服务机构 200 多家，为推动科技型中小企业不断提高可持续发展能力提供支撑。同时，佛山积极搭建开放共享的合作平台，拥有 41 家与国内著名科研院校共建的重大创新平台，推动产学研合作。与中国科学院合作孵化育成企业 120 余家，与中国工程院、华中科技大学共建的佛山智能装备技术研究院已形成核心自主知识产权 300 余项。此外，与清华大学合作成立清华大学佛山先进制造研究院，并在佛山成立佛山（华南）新材料研究院。①

　　未来，佛山将坚持创新驱动发展，强化科技创新引领，以加快实现高水平科技自立自强为目标，全面贯彻新发展理念，努力把佛山建设成粤港澳大湾区极点城市、全省地级市高质量发展领头羊、面向全球的国家制造业创新中心。图 7 - 1 为佛山国家创新型城市发展历程。

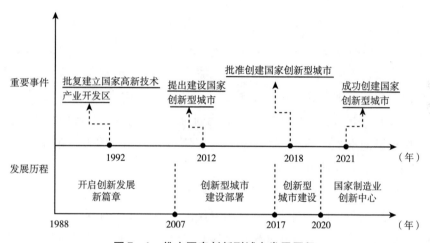

图 7 - 1　佛山国家创新型城市发展历程

资料来源：作者整理。

7.2　经验与亮点

7.2.1　以三龙湾和高新区建设引领创新型城市发展

　　（1）高标准高质量推动三龙湾建设。佛山将三龙湾高端创新集聚区作为推进粤港澳大湾区建设的重大战略平台，坚持高起点谋划、高标准建设，注重彰显区域特色，对三龙湾高端创新集聚区的发展定位、发展方向、空间格

---

　　①　资料来源：《佛山市 2021 年国民经济和社会发展计划执行情况与 2022 年计划草案的报告》。

局、产业布局、体制机制等进行了全面系统的研究。通过构建三龙湾多部门协同联动管理体制机制，禅城区、南海区、顺德区、市委组织部、市委编办、市委改革办、三龙湾管委会、市自然资源局、市发展改革局等区域和部门齐心协力，共同梳理出一批重大基础设施、重点生态景观、重点产业、重点公共设施项目，为后续的建设发展制作了"施工图"，并突出抓好重点项目布局建设。目前，三龙湾已集聚了以美的、碧桂园为代表的一批实力雄厚、具有国际视野的民营企业，引入了库卡、机器人谷、大疆等一批有影响力的重大项目，吸引了以季华实验室为龙头的全市顶级科研创新资源，打造了粤港澳高端服务区、广东金融高新区、潭州国际会展中心等一批新兴业态的成长平台，布局了佛山国际体育文化演艺中心、佛山妇女儿童医院、南海外国语学校等一批重点公共服务项目。

（2）加快推动高新区体制机制优化创新。佛山高新区是佛山推进粤港澳大湾区建设的重要抓手、重要平台，也是引领佛山高质量发展的重要引擎。多年来，高新区为佛山的科技创新发展提供了强大动力，但仍存在园区统筹管理力度不足、产业结构有待优化、研发创新体系活力不足、产城人融合发展滞后等瓶颈和短板，制约高新区的发展。为破解发展瓶颈、进一步激发高新区发展活力，佛山积极开展高新区体制机制优化调整，增强高新区对区域创新发展和转型升级的平台支撑作用。重点从以下三个方面开展了体制机制优化探索：一是高新区管委会代表市政府履行统筹管理国家高新区的发展工作。二是成立五个园区管理局，让高新区发挥好作为国家高新区重大平台的作用，引领和带动全市五区的高质量发展。三是以"市统筹、区建设"的原则管理高新区各项工作，市委、市政府和高新区管委会负责统筹整个高新区的发展。通过建立"一区五园"的格局和"市统筹、区建设"的管理体制，对各园区产业规划、科技创新、招商选资、营商环境、人员力量、统计等进行整体统筹谋划和协调，聚焦园区建设、产业发展、企业培育、创新平台建设、人才引进、政策优化等重点工作，推动高新区实现高质量发展。

7.2.2 以重大创新平台建设加强源头创新和成果转化

（1）推动建设季华实验室。季华实验室（先进制造科学与技术广东省实验室）作为广东省委、省政府启动的首批 4 家广东省实验室之一，是广东省政府批准设立的事业单位，主要依托中科院长春光机所、中国科学院微电子所、中国科学院苏州医工所、清华大学、复旦大学、广东工业大学、佛山科技学院、美的集团、长光华芯等国内知名科研院所、大学和企业建设。季华实验室面向世界科技前沿、面向国民经济主战场，围绕国家和广东省重大需求，集聚、整合国内外优势创新资源，打造先进制造科学与技术领域国内一流、国际高端的战略科技创新平台。实验室以"顶天立地，全面开放，以人为本，注重实效"为建设原则，力争打造一支扎根佛山的科研队伍、搭建一个国际高端的科研平台、沉淀一批自主可控的核心技术、带动一方创新驱动的新兴产业。实验室目前已确定光学工程、机械工程、电子科学与技术、计算机科学与技术、材料科学与工程及生物医学工程 6 个学科方向，部署了机器人及其关键技术、半导体技术与装备、高端医疗装备、新型显示装备、先进遥感装备、增材制造、新材料新器件研究、微纳制造 8 个研究方向，启动建设了 8 个公共科研平台。2022 年，季华实验室发明专利申请量和独有发明专利申请量在全省科研院所中排名第一，关键核心技术攻关取得重大突破，在佛山搭建起国内首个冲压模具智能制造示范工程；重大设备研制取得标志性进展，打破国外垄断的 SiC 高温外延装备研制成功，首次实现国产喷印装备 OLED 操场形基板的打印与点亮测试。

（2）加快军民融合发展创新示范区建设。佛山积极抢抓军民融合重大战略机遇，加快军民融合平台建设，以军民融合深度发展推动新旧动能加快转换。通过建设佛山军民融合发展创新示范区核心区，发挥顺德军民融合创新产业园、广东国防科技工业技术成果产业化应用推广中心、华南科技装备（军民融合）产业园、航天军民融合协同创新智慧城等平台作用，培育发展军民融合产业。重点围绕电子信息、机器人、军工装备制造等领域开展军地合作，引导设立军民融合协同创新产业联盟、军民融合两用技术交易中心，推动军民技术和成果双向转化，为加快形成全要素、多领域、高效益的军民融合深度发展新格局提供重要支撑。同时，佛山五区在推进军民融合发展方面也持续发力。顺德区于 2018 年出台了推动军民融合产业加快发展扶持办法（试行），针对军民融合企业、产业园、平台项目、产业化项目、人才团队、相关机构等实施相应扶持措施，推进军民技术、产品、资本、人才等方面的融合发展。禅城区建设绿能装备特色小镇，打造佛山军民融合产业基地。南海区建设佛山国防科技工业技术成果产业化应用推广中心、中国空间技术研究院佛山军民融合技术推广中心两大平台。三水区首家军民融合专业孵化基地云炬军创工厂在云东海街道正式揭牌，总面积超 7000 平方米。高明区依托金兰铝厂等龙头企业，与南昌航空航天大学等合作共建工程研究开发中心，合作开展人才培养与输送、科研学术交流、科研成果转化。

7.2.3 以制造业转型升级推动产业高质量发展

（1）多举措推动产业核心技术攻关。核心技术攻关是企业提高自主创新能力，实现全市产业转型升级的关键。近年来，佛山立足本地产业发展和科技创新实际，聚焦核心技术攻关创新要素配置，采取构建科研基础平台、引进高端人才团队、提升企业自主创新能力和完善配套扶持政策等多种举措，集中资源解决制约佛山智能制造领域发展的关键核心技术问题，增强全市企事业单位承载国家、省市重大科技项目的能力和动力，全面加强关键核心技术攻关，开展新技术、新工艺、新装备的研究开发和示范应用，有效推动产业关键技术和核心技术实现突破。佛山启动重点领域"揭榜挂帅"科技公共专项，围绕佛山"2＋2＋4"产业集群发展重点领域，筛选应用场景明确、技术难度大、考核指标具体的重大攻关任务，形成榜单面向全社会公开募集解决方案，共同开展项目技术攻关和科研成果产业化应用，为佛山产业集群持续快速发展提供了有力的科技支撑。

（2）整合科教资源完善技术创新体系。佛山积极联合高校、科研院所等共同推动新型研发机构、产业创新平台建设，与中国科学院、中国工程院、清华大学、香港科技大学等多家高校院所共建了一批高水平创新平台，支撑制造业发展的技术创新体系建设初见成效。目前，全市建有省级新型研发机构 24 家，新型研发机构以智能制造领域为主，涉及智能装备、人工智能、机器人制造等行业，还建有省级以上工程技术研究开发中心803家①。与清华大学共同成立了首个校地合作研究院清华大学佛山先进制造研究院，结合佛山良好的产业发展优势，在智能装备、智能制造、机器人等领域开展合作。此外，佛山还依托国内外数控装备和智能制造技术领先的科研院校，建设了广工大数控装备协同创新研究院、佛山智能装备技术研究院、华南智能机器人创新研究院、佛山中国科学院产业技术研究院、广东三水合肥工业大学研究院等数控装备和机器人重大产业创新平台。在制造业转型升级浪潮中，成功孵化出新鹏机器人、泰格威德机器人、万世德机器人、安川机器人、华数机器人、登奇机电等近30家机器人领域高科技企业。

（3）引导企业加大技术改造。近年来，佛山引导规模以上工业企业开展技术改造和智能化高端化改造。以智能制造为主攻方向，积极争取省、市级智能制造试点示范项目，通过股权投资、贷款贴息、事后奖补等措施，重点支持优势传统产业改造升级，提高传统产业技术水平和质量效益。同时，发挥龙头企业的带动作用，推动产业协同创新发展。如美的集团投入超过50亿元进行智能化改造，累计投入使用超1200台机器人，以设备自动化、生产透明化、物流智能化、管理移动化与决策数据化，实现订单、供应、研发、生产乃至配送全过程实时监控，效率提升15%以上②。

7.2.4　以科技金融结合完善创新生态体系构建

（1）推动金融科技产业融合发展。近年来，佛山深入实施金融科技产业融合发展战略，依托广东金融高新区，不断完善科技金融扶持体系，金融创新迈上新台阶。大力发展制造业金融，完善信用担保、融资租赁、风险投资、股权交易等多层次资本市场，推动金融服务于实体经济。设立各类产业引导基金和风险补偿基金，完善无形资产质押融资的风险补偿机制，创新推广知识产权质押融资、供应链融资、股权质押融资、融资租赁等新型融资产

---

① 资料来源：《佛山市科学技术发展"十四五"规划》。
② 南方网. 顺德智能制造新高地加速崛起 ［EB/OL］. (2019－05－13)［2023－02－28］. https：//economy. southcn. com/node_550560ee2a/2e43fca889. shtml.

品。顺德区通过建设桂畔海产融生态小镇，集聚金融和类金融机构超过 50 家；成立顺德区工业自动化设备金融按揭中心、小额票据贴现中心，聚焦破解科技型中小企业融资难题；实施企业信贷风险补偿金政策，鼓励和促进金融机构加大对科技企业的信贷支持力度；通过投贷联动为区内科技型中小微企业提供融资担保增信服务。禅城区设立总规模达 5000 万元的产业信贷风险补偿资金，通过贴息和担保补贴等方式，解决企业融资难、融资贵的问题，扶持有发展潜力的创新型企业成长。另外，佛山积极筹建"基于区块链的中小企业融资服务平台"，为中小企业和金融机构提供信息采集、信用评级、信息共享、融资匹配、授信融资、风险补偿等一体化线上智能融资服务。

（2）探索新路径打造千灯湖创投小镇。千灯湖创投小镇是广东省首批省级特色小镇创建中唯一一个金融类的特色小镇，依托着佛山强大的制造业集群和广东金融高新区的人才、技术资源，肩负着激活民间资本、为制造业转型升级提供金融支撑的重任。作为珠三角活跃的私募创投区域，根据千灯湖创投小镇的功能规划和业态集聚，制定《佛山市南海区促进千灯湖创投小镇产业集聚扶持措施》，从落户奖励、租金补贴、经营扶持、投资奖励、人才补贴、投资挂牌奖励等方面对落户创投小镇的创投机构和基金机构进行扶持。创投小镇除设立专门的线上线下投融资对接平台外，还将通过政策引导，借助市、区两级政府引导基金推动股权投资机构集聚发展，吸引社会资本投资佛山及珠江西岸地区的先进制造业。2020 年，千灯湖创投小镇募集与投资资金规模突破千亿元，正式向万亿级基金小镇迈进。随着中科沃土基金管理有限公司落户创投小镇，佛山成为全国第一个拥有公募基金牌照的地级市。此外，通过连接高校、科研院所，创投小镇也将进一步推动科技创新成果与资本的高效对接，促进科研成果产业化落地。

第 8 章

东莞：聚焦"科技创新＋先进制造"，打造全链条创新体系

东莞被誉为"世界工厂"的制造名城，是我国 GDP 过万亿元、人口超千万的"双万"城市之一，现代化工业体系完善，拥有电子信息制造业、电器机械及设备、传统纺织服装鞋帽、食品饮料加工、造纸等传统优势产业，以及新一代信息技术、高端装备制造、新材料、新能源、生命科学与生物技术等战略性新兴产业。党的十八大以来，东莞坚持创新是引领发展的第一动力，深入落实创新驱动发展战略，着力推动建设国家大科学装置，加快集聚科技创新资源，大力培育高新技术企业，不断优化区域创新体系。经过多年发展，东莞构建了从源头创新到技术创新再到产业化应用的科技创新体系，通过科技创新不断赋能制造业转型升级，形成了 19 万家工业企业、1.1 万家规模以上工业企业、7387 家国家高新技术企业、154 家"专精特新"企业、66 家上市企业、19 家超百亿元企业和 3 家超千亿元企业组成的先进制造体系①。未来，东莞将从源头创新、技术创新、成果转化、企业培育等方面构建全链条创新体系，为区域高质量发展提供经验探索。

---

① 资料来源：中国共产党东莞市第十五次代表大会报告《立足"双万"新起点 聚焦科技创新和先进制造奋力谱写东莞现代化建设新篇章》。

8.1 发展历程

8.1.1 1978～2005年:"东莞制造"奠定创新基础

1978年,中国第一家来料加工厂——太平手袋厂在东莞虎门成立,东莞通过"三来一补"方式完成原始资本积累,吸收国外的技术、管理和销售经验,大力发展外向型经济。20世纪90年代,东莞抓住早期港台地区传统产业转移的历史机遇,实施"向农村工业化进军"的发展战略,"三来一补"与"三资"并举,大力实施"一镇一品、主业兴镇"策略,积极引进外资,持续壮大民营企业,推动原材料、辅料、零配件、生产机械、运输、会展等一系列配套行业的发展,培育了虎门服装、大朗毛织、厚街家具、东莞鞋业、长安五金模具等生产基地和会展品牌。纺织业、食品制造业、工艺美术品制造业、电力等能源工业、电子通信设备制造业和电气机械及器材制造业先后占据主导地位。同时,以IT产业为代表的新兴产业比重不断上升,民营经济在与外资企业的协作配套中逐步成长,逐渐形成以电子信息制造业为龙头的比较完整、门类齐全的工业体系,"东莞制造"享誉全球。2001年,广东省政府批准设立东莞松山湖高新技术产业开发区。2002年,大朗镇被评为"中国羊毛衫名镇";虎门镇被评为"中国女装名镇";东莞市被评为全国首批十个国家级纺织产业基地市之一。2005年,东莞确定了电子信息制造业、电气机械制造业、纺织服装制造业、家具制造业、玩具制造业、造纸及纸制品业、食品饮料制造业、化工制品制造业工业领域八大支柱产业。

8.1.2 2006～2014年:"科技东莞"助推转型升级

2005年,东莞提出实施"科技东莞"工程,设立"科技东莞"工程专项资金,在"十一五""十二五"期间连续实施了两轮"科技东莞"工程,东莞市财政共投入150亿元以上用于支持科技创新,包括科技创新平台资助专项资金、重大科技专项资金、战略性新兴产业发展专项资金等，积极扶持电子信息产业发展，推动科技型中小企业技术创新，促进产业转型升级。

2007 年，中国科学院与广东省政府签署合作备忘录，共同向国家申请在东莞建设国际前沿的高科技和多学科应用的大型研究平台——中国散裂中子源，并于 2011 年开工建设。中国散裂中子源是继英国散裂中子源、美国散裂中子源和日本散裂中子源之后全世界第四台脉冲型散裂中子源，为我国材料科学技术、物理、化学化工、生命科学、资源环境和新能源等提供一个先进、强大功能的科研平台，对材料科学、生命科学、新能源等诸多领域的研究和工业应用意义重大。中国散裂中子源项目落户东莞，极大地弥补了东莞在基础研究与应用基础研究上的短板，并将中国科学院雄厚的科研实力与珠三角经济结合起来，有力增强了东莞乃至广东省的科研创新能力，推动区域产业进一步发展。

2007 年，东莞引进建设广东华中科技大学工业技术研究院、电子科技大学广东电子信息工程研究院等首批校地共建平台，让东莞成为我国最早建设新型研发机构的地区之一。通过引进国内知名高校到东莞建立新型研发机构，紧扣本地产业创新需求，开展技术攻关、成果转化和企业孵化等，不断弥补东莞高端创新资源缺乏的困局，有力地支撑了东莞产业的转型升级。2010 年，东莞松山湖高新技术产业开发区经国务院批准升格为松山湖国家高新技术产业开发区。

8.1.3 2015～2020 年：创新型城市建设驱动全面发展

2015 年，东莞市与广东省政府签订建设创新型城市责任书，并起草发布了《中共东莞市委 东莞市人民政府关于实施创新驱动发展战略走在前列的意见》，提出实施创新主体培育、科技创新引领、创新载体提升、创新资源集聚、创新创业服务、科技金融结合、创新布局优化七大工程，从健全技术创新市场导向、强化企业创新的主体地位、实施重大科技专项、科技支撑产业发展、强化重点园区建设、扶持新型研发机构发展、建设科技企业孵化器、深入开展科技合作、引进高层次创新人才、促进科技成果转化、加强知识产权能力建设、引导金融社会资本投入、推动重点镇街突破等 27 个方面提出扎实举措，为东莞深化体制机制改革、全面加快实施创新驱动发展战略提供顶层政策设计体系。

2017 年，东莞发布《关于打造创新驱动发展升级版的行动计划（2017 - 2020 年)》，提出力争在 2020 年前入选全国创新型城市。为此，推出实施创新型城市"提速计划"、重大科学基础设施"鲲鹏计划"、科技创新平台"支撑计划"、核心技术攻关"攀登计划"、龙头科技企业"倍增计划"、新兴产业"引领计划"、创新人才"领航计划"、国际科技交流合作"联网计划"、知识产权"护航计划"等十大行动计划，聚焦对接国家与省的重大布局，补齐东莞科技创新关键短板，推动东莞迈入国家创新型城市行列。

2018 年 4 月，科学技术部、国家发展改革委批准东莞市开展国家创新型城市建设，成为继深圳市、广州市之后，广东省内新一批开展国家创新型建设的地级市之一。2019 年 4 月，东莞出台《东莞市人民政府关于贯彻落实粤港澳大湾区发展战略全面建设国家创新型城市的实施意见》，从源头创新、成果转移转化、企业培育、创新创业环境等方面提出二十条行动计划，旨在系统构建源头创新、技术创新、成果转化、企业培育等多层次的区域创新体系，提升东莞科技创新能力、产业竞争力和城市综合实力，全面推进国家创新型城市建设。同时，起草了《东莞市培育创新型企业实施办法》《东莞市推进科技成果产业化实施办法》《东莞市新型研发机构提质增效实施办法》等一系列配套政策，形成了推进国家创新型城市建设政策体系。2020 年 5 月，东莞出台了《东莞市重点领域研发项目实施办法》《东莞市培育创新型企业实施办法》《中国科学院科技服务网络计划（STS）——东莞专项项目管理办法（试行)》《东莞市创新强镇建设实施办法》等配套政策，从重点领域核心技术攻关、创新型企业培育、区域创新等方面进一步推进国家创新型城市建设。2020 年 7 月，松山湖科学城获国家发展改革委、科学技术部批复同意纳入大湾区综合性国家科学中心先行启动区。

8.1.4 2021 年至今：打造具有全球影响力的湾区创新高地

2021 年，东莞通过科学技术部成果转化与区域创新司的评估，成功创建国家创新型城市，标志着东莞科技创新迈上新台阶。经过三年建设，东莞市全面提升了科技创新能力，主要指标进位赶超。全市国家高新技术企业数量预计达 7387 家，规模以上工业企业数量超过 11000 家，产业技术含量和竞争力大幅增强，先进制造业、高技术制造业增加值分别占规模以上工业增加值从 2015 年的 47.9%、37.2% 提高至 2020 年的 50.9%、37.9%，有力促进了产业转型升级和区域经济高质量发展①。

同时，随着松山湖科学城纳入大湾区综合性国家科学中心先行启动区，标志着松山湖科学城成为承载国家科技战略的重要平台，将紧扣国家赋予的定位目标，聚焦国家战略和大湾区高质量发展需求，成为粤港澳大湾区国际科技创新中心建设的重要力量。未来，东莞将把握粤港澳大湾区国际科技创新中心、广深港澳科技创新走廊建设等重大机遇，坚持"科技创新＋先进制造"城市特色，完善全链条创新体系，强化企业创新主体地位，推动创新链和产业链的深度融合，发挥科技创新对产业发展的支撑引领作用，加快培育新动能，发展新优势，全力支撑产业转型和战略性新兴产业培育，打造具有全球影响力的湾区创新高地。图 8－1 为东莞国家创新型城市发展历程。

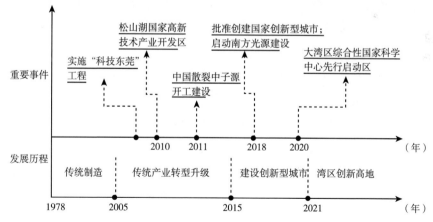

图 8－1 东莞国家创新型城市发展历程

资料来源：作者整理。

———————

① 东莞市人民政府. 官宣！东莞成功创建国家创新型城市［EB/OL］.（2022－01－14）［2023－02－28］. http：//www. dg. gov. cn/zwgk/zfxxgkml/smch/qt/gjjmdy/content/post_3708633. html.

8.2 经验与亮点

8.2.1 以打造原始创新平台完善源头创新体系

(1) 依托大科学装置集聚原始创新资源。东莞以大科学装置集群为依托,聚焦重点优势领域,建设和引入一流大学与科研院所,谋划重点领域研究平台。2018 年,中国散裂中子源正式启动运行,联合国内外知名高校、科研院所、企业等,面向若干前沿交叉和高科技研发领域建设了首期 3 台中子散射谱仪,也吸引了国内外来自各领域的一批科学家利用谱仪进行科学实验。东莞也将联合中国科学院着力推动散裂中子源二期、先进阿秒激光等大科学装置的建设与升级,逐步形成大科学装置的集群效应。推进与东莞中子科学中心、东莞材料基因高等理工研究院、北京大学东莞光电研究院等科研机构的强强联合、优势互补,共同打造材料领域大科学平台。此外,东莞还与中国科学院全面合作,结合中国科学院材料及相关交叉学科科研资源,按照国家实验室标准共建松山湖材料实验室,布局了前沿科学研究、创新样板工厂、公共技术平台和大科学装置、粤港澳交叉科学中心四大核心板块,形成"前沿基础研究→应用基础研究→产业技术研究→产业转化"的全链条模式,不断促进大科学装置与多学科前沿研究的交叉融合,力争为材料科学重大领域研究和产业关键技术创新提供科技支撑。

(2) 完善原始创新体制机制。引导多方资源投入原始创新,积极争取国家和省财政资金支持,深化与国家和省级政府机构、科研机构合作,在东莞布局更多国家和省级项目及平台。加大市级财政资金投入,建立与基础科学研究规律相适应的长期投入预算制度,建立稳定增长投入机制,逐步加大原始创新投入。倡导社会设立基础研究基金,加大原始创新投入,鼓励社会资本参与原始创新平台的科研项目,共享原始创新的成果。引进高层次人才队伍,依托散裂中子源、松山湖材料实验室等原始创新平台,实施引进十大战略科学家团队等引才政策,引进国内外高层次原始创新人才队伍;加速培养中青年创新人才，加强博士后科研流动站和工作站建设，创建博士工作站等，集聚一批从事基础研究的青年拔尖人才。此外，从 2019 年起，东莞还实施"十百千万百万"人才工程，用 3 年时间，引进十个国际一流水平的战略科学家团队，选拔一百名博士专业人才进入党政机关和企事业单位，引进培养一千名重点领域的领军人才，推动一百万人提升学历技能素质。

8.2.2　以建设高水平研发机构优化技术创新体系

（1）推进新型研发机构提质增效。一直以来，东莞大力支持新型研发机构开展科技成果转化，充分发挥新型研发机构背靠大院大所、面向经济主战场的优势，构建专业化科技成果转移转化体系，面向企业提供技术研发与转化服务，积极开展创新型企业孵化活动。为加快新型研发机构改革步伐，完善新型研发机构管理机制，东莞还制定了《东莞市新型研发机构管理暂行办法》（以下简称《办法》），以市场化运营为方向健全考核评估机制，探索建立退出机制，促进新型研发机构优胜劣汰，不断激发新型研发机构新动能。《办法》进一步规范新型研发机构的认定和监管，明确新型研发机构绩效考核要求，支持措施聚焦绩效考核奖励和企业孵化奖励，支持政策包括年度考核奖励、单打冠军奖励、培育孵化企业支持、技术创新支持、引聚高端人才支持和创办学术期刊支持，面向共建类新型研发机构的支持政策还包括办公场地支持、孵化企业支持、二期建设支持、授予成果处置权等，加快推动新型研发机构提质增效。

（2）推进企业研发机构高质量发展。东莞鼓励和支持企业建设各类工程技术研究中心、技术中心、实验室、中试车间、检验检测中心等各类研发机构，不断改善研发条件，培养和引进科技人才，持续产出创新成果，提升企业创新能力。支持高新技术企业围绕东莞市高新技术产业发展需求，建立国家级、省级重点实验室、工程技术研究中心、产业创新中心、企业技术中心、博士后工作站。引导龙头高新技术企业构建企业创新联合体，整合高校科研院所、产业创新链上下游企业创新资源，集中优势科研力量，开展战略性、前瞻性、原创性的创新研究，力争取得引领性、颠覆性、"卡脖子"技术成果的重大突破。聚焦新一代信息通信、工业软件、机器视觉、电子材料等优势领域，鼓励企业争创国家级或省级创新中心，打造具有引领示范作用的创新平台。同时，以市级企业研发机构和重点实验室为培育库，系统推进企业研发机构创新能力建设，建设省级重点实验室和工程技术研究中心，全市省级工程技术研究中心达439家[①]。

8.2.3　以完善创新生态体系促进科技成果转化

（1）对接高校科研院所，强化科技成果转化。深化与高校科研院所成果转化合作，完善散裂中子源、松山湖材料实验室等高端创新平台的实验环境，建设以开展小试中试活动为主的创新样板工厂，打造开放创新的体制机制环境。从科学试验环节即开始与高校科研院所展开合作，鼓励全国各大高校及科研院所在东莞进行科学实验、试验验证、样机制造等活动，推进优质科研成果在东莞开展工艺设计、测试验证、产业化等科技成果转化活动。搭建网络平台，面向企业和投资机构，展示高校科研项目及进展、最新科研成果、优秀科研人才等，面向高校，展示科技成果转化政策、人才政策、产业配套优势等。成立专业对接团队，协助高校科研院所的优质成果、人才等资源对接企业、资本、空间，推动科技成果在东莞转移转化。鼓励科研成果的核心骨干研发人员参与科技成果转化活动。

（2）优化孵化育成环境，促进科技成果落地转化。东莞不断优化孵化育成环境，支持科技企业孵化器完善基础设施建设，建设符合条件的工业大厦和办公大楼，合理配置办公、科研、生产、生活空间；引导科技企业孵化器成立孵化服务平台，强化资本、技术、人才等各项服务；引导科技企业孵化器提供优质孵化空间，鼓励孵化器对获得天使投资、创业投资或东莞市科技成果转化基金投资的科技成果转化项目，给予租金"三免两减半"支持。同时，通过科技金融措施加速成果孵化，引导社会资本加大成果转化投入，发挥东莞市产业升级转型及创业投资引导基金的引导作用，吸引社会资本在东

---

① 资料来源：《东莞市科技创新"十四五"规划》。

莞设立产业投资基金；支持有条件的镇街联合设立科技成果转化引导基金，鼓励科技创新金融集团、投资机构、园区或龙头企业共同参与壮大基金规模；改革政策性引导基金的出资方式和管理模式，鼓励加大让利幅度，在基金达成成果转化项目的投资承诺后，运行基金归属财政出资部分的收益在扣除同期银行储蓄存款利息后，让渡给社会资本出资方。

（3）聚焦科技服务资源，完善科技成果转化服务体系。东莞通过搭建科技成果转化一站式公共服务平台，整合专业的投融资机构、研发设计机构、人才服务机构、知识产权服务机构等多方资源，为成果转化项目提供一站式服务，对有需求的科技成果转化项目，安排专人进行长期跟踪服务。培养科技成果转化人才，对开展技术转移活动、促成科技成果转化项目的技术经理人，按技术合同技术交易额给予补助；支持开展科技成果转化管理人员、技术经理人、研发经理、创业导师、孵化器从业人员等人才培训活动，对培训组织费用给予补助；鼓励参加国内外技术转移高端培训，对通过培训认证的技术经理人，给予培训费用补助。利用"赢在东莞"创新创业大赛，吸引优质项目、知名投资人和投资机构共同参与，打造大湾区知名科技成果转化品牌。同时，举办科技成果对接会、粤港澳大湾区院士峰会和广东院士高峰年会等重点活动，引进全国知名投资机构在东莞建立分支机构，形成常态化的项目路演和对接机制。

8.2.4   以强化梯度培育助力科技型企业创新发展

（1）强化科技企业梯队培育。东莞按照"高企—瞪羚企业—百强创新型企业"的创新型企业培育梯队，因企施策，分类扶持。针对百强企业，开展会诊把脉，组建专家辅导团为企业制定科技发展路线图，实行个性化扶持，解决人才、项目、资本等问题。针对瞪羚企业，重点推进研发投入补助、科技展会补助、提供产业用房等扶持措施。针对高新技术企业，引导其建立研发机构与研发准备金制度，加大研发投入，增强产品科技含量和企业发展活力，不断做大规模和提升发展效益，成为东莞培育百强企业和瞪羚企业的蓄水池。同时，加强政企沟通对接，设立领导服务专班，成立市领导挂帅、市级部门和园区、镇（街）政府联动的百强企业服务专班，为每家百强企业、瞪羚企业安排一名创新辅导专员，搭建重点高新技术企业线上问题反馈平台，做好企业服务和指导，建立政企常态化沟通联络机制，及时收集协调解决企业发展中遇到的问题，使企业产生归属感及认同感。

（2）强化企业研发服务支撑。支持企业开展协同攻关，鼓励企业在产业链高端环节和重点领域开展共性技术、关键技术、前沿技术的联合攻关，推动企业形成一批具有自主知识产权的核心技术和新产品。支持企业通过创新科研团队、重大科技专项、领军人才计划等措施，引进或打造高水平科研团队，突破关键核心技术，提升企业竞争力。深化产学研合作，鼓励有条件的企业联合高校科研院所、新型研发机构和上下游企业组建产业技术创新联盟，促进创新链和产业链的有机衔接，推动企业与高校院所的深度合作和产业链上下游的资源整合。建立高校科研院所科技人员定期为企业开展科技咨询服务的机制，加快建设企业博士后创新实践基地、大学生实训基地和重点产业专项公共实训基地等载体。创新产学研合作方式，充分发挥中介机构、行业协会、专业学会等社会组织作用，举办沙龙、讲座、论坛、高校走访等形式多样的产学研交流活动。

（3）健全企业资本服务体系。支持企业上市，围绕创新型培育企业关键成长阶段的创新发展需求，为创新型培育企业上市开辟绿色通道，消除企业上市进程中的各类历史遗留问题；集中科技资源分类扶持，加大在股份制改造和科创板、创业板、中小板等上市关键成长期的支持力度。鼓励通过并购重组做大做强企业，支持有条件的创新型培育企业通过兼并、收购、联合、参股等多种形式开展跨地区、跨行业、跨所有制和跨国（境）兼并重组及投资合作，获取国内外知名品牌、先进技术、核心专利、营销渠道、高端人才等资源，形成技术领先优势、提升企业竞争力，努力成为行业细分领域的小巨人。

探索篇

第 9 章

珠三角创新型城市建设的布局与路径

9.1 珠三角创新型城市建设的基础与布局

9.1.1 珠三角创新型城市的建设基础

本章从研究与开发（R&D）经费支出、政府科技投入、R&D 人员、专利产出、高新技术产品、创新平台建设等方面，对珠三角九市主要科技创新指标进行定量比较分析（见图 9 - 1），结果如下。

深圳和广州处于珠三角城市科技创新的第一梯队，这两个城市也是珠三角地区最先成为国家创新型城市的地区。从指标对比看，深圳和广州两市在研发经费和人员投入、专利成果产出、创新平台总量上都明显优于其他城市。尤其是深圳，各方面的创新指标均遥遥领先，虽与广州同被列为第一梯队，但与广州拉开了较为明显的距离。深圳作为我国首个创新型城市试点，十余年来在创新投入、创新型企业培育、创新人才引进与培养、新兴产业培育、创新生态营造等方面大胆探索、先行先试，多次蝉联国家创新型城市创新能力第一，是区域科技创新的"领头羊"。

东莞和佛山处于珠三角城市科技创新的第二梯队，两个城市均于2018年成为国家创新型城市试点。东莞和佛山作为广东省两个极具代表性的制造业兄弟城市，经济实力、产业结构较为相似，在科技创新方面各有亮点。从

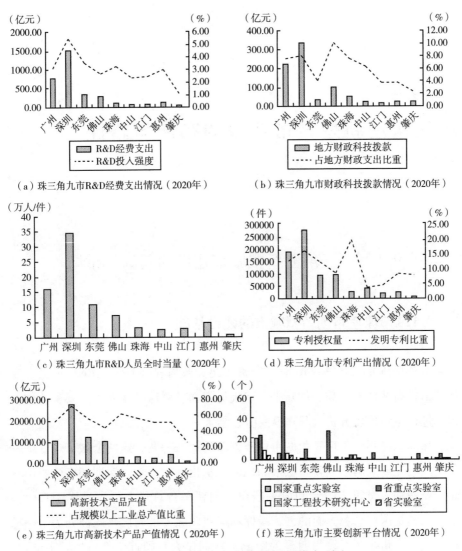

图9-1 珠三角九市主要科技创新指标对比

资料来源：2021年第12期《广东科技创新动态数据》。

指标对比看，两市的各项指标均明显优于其他五个城市。东莞在 R&D 投入强度、R&D 人员、发明专利占比、高新技术产品产值等方面更优于佛山，尤其在 R&D 投入强度上甚至超过广州，仅次于深圳，位居全省第二。佛山近年来则在政府科技投入方面尤为抢眼，地方财政科技拨款占地方财政支出比重超过 10%，位居九市之首；佛山在创新平台总量上较优于东莞。

珠海是珠三角地区科技创新的重要支点城市。随着横琴粤澳深度合作区建设的深入推进，依托珠海推进粤澳科技合作已成为粤澳深度合作的重要支撑。从各项绝对指标看，珠海与其他城市相比并无明显优势；但从相对指标看，珠海在 R&D 投入强度（第3）、地方财政科技拨款占地方财政支出比重（第3）、发明专利占比（第1）、高新技术产品产值占比（第1）等均位居全省前列，说明珠海科技创新的基础和质量较好，具有建设国家创新型城市的优势和潜力。但总体上由于长期以来经济总量和产业规模较小，珠海科技创新综合效能有待进一步凸显。

中山、江门和惠州三市均处于积极争创国家创新型城市的阶段。从指标对比看，三个城市各有特点：惠州在 R&D 投入总量和强度、R&D 人员、发明专利占比方面相对优势明显；中山在地方财政科技拨款占地方财政支出比重、专利授权总量、高新技术产品产值占比方面具有相对优势；而江门的各项指标则表现一般，与中山和惠州相比，各项指标均没有体现出明显优势。

在珠三角九市中，肇庆的经济实力和科技创新基础长期处于弱势，各项指标也基本处于珠三角城市末位。这也决定了在未来较长时间，肇庆还将继续处于对接珠三角核心城市创新资源，积极承接科技成果转化和产业化，向创新型城市建设目标努力迈进的阶段。

9.1.2　珠三角创新型城市的建设布局

广东省第十三次党代会提出，要构建以广深港、广珠澳科技创新走廊为主轴，以港深莞、广佛、澳珠为极点，其他城市协同支撑的"两廊三极多节点"创新格局。构建"两廊三极多节点"创新格局，是广东加快推进大湾区国际科技创新中心建设的重大布局，将有助于充分发挥各地市资源禀赋优势，促进创新要素有序自由流动，形成各地优势互补、协作互动的格局。

珠三角创新型城市建设要充分发挥广深莞佛珠等核心城市的龙头带动作用，增强创新要素和产业集聚能力；同时，加快惠州、中山、江门、肇庆等城市的创新发展，引导其创建国家创新型城市，发挥协同支撑作用，在珠三角地区初步建成领先全国的创新型城市群，全面支撑大湾区国际科技创新中心建设。图9-2为珠三角创新型城市发展布局。

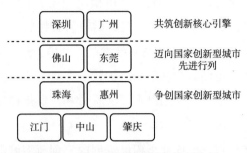

图9-2 珠三角创新型城市发展布局

（1）广州、深圳："双城联动"共筑创新核心引擎。发挥广深两个创新型城市"强核心"辐射带动作用，支持深圳建设中国特色社会主义先行示范区，支持广州打造具有全球影响力的科技创新强市。推动广深科技创新优势互补，共同推进重大科技基础设施建设和有效运作，共建实验室等重大科技创新平台，引导和支持两地科研力量组建创新共同体，共同参与国家重大科技项目，形成一批自主可控、具有国际竞争优势的重大科技产品和装备，集聚一批高端创新资源，汇聚全球顶尖研究团队，推动广深成为珠三角创新发展的核心引擎。

（2）东莞、佛山：迈入国家创新型城市先进行列。立足东莞和佛山创新型城市建设的良好基础，力争迈入国家创新型城市先进行列。东莞要抓住大湾区综合性国家科学中心先行启动区（松山湖科学城）为核心（一核），推动创新资源沿广深港科技创新走廊轴线集聚（一轴），建设战略性新兴产业基地，推动重点领域突破（多节点），构建"一核一轴多节点"的创新空间布局，推动形成"源头创新＋技术创新＋成果转化＋企业培育"为主体的全链条科技创新体系。佛山要以佛山国家高新区（一区）、佛中人才创新灯塔产业园（一园）和三龙湾科技城（一城）为主要支撑，高标准建设"一区一园一城"科技创新高地，构建"人才引育＋技术研发＋成果转化＋产业应用"协同创新体系。

　　（3）珠海：努力打造区域科技创新中心。珠海要坚持创新在现代化建设全局中的核心地位，推动科技创新和产业创新共同发展，全面增强自主创新能力，携手澳门共同打造广珠澳科技创新走廊引领城市，推动创新发展再上新台阶。通过实施创新驱动发展战略，深化科技创新体制改革，汇聚全球高端人才，建立以企业为主体、市场为导向、产学研深度融合的技术创新体系，培育具有核心竞争力的产业集群，推动经济发展从要素驱动转向人才驱动、创新驱动，努力建成联通港澳、服务珠江西岸的国家创新型城市和区域科技创新中心，打造创新发展先行区。

　　（4）惠州、江门、中山：积极创建国家创新型城市。惠州、江门、中山要以创建国家创新型城市为契机，做好新时期创新型城市建设的顶层设计和系统谋划，因地制宜探索差异化的创新发展模式。一方面，要扬长补短，对标国家创新型城市的建设指标体系，寻找自身的优势和短板，有针对性地制订解决措施，研究提升路径。另一方面，要突出特色，与广深等发达城市相比，惠州、江门、中山的城市创新短期内无法实现面面俱到，必须找准自身的定位，突出创新型城市建设的特色和重点，力争在重点领域取得突破。

　　（5）肇庆：加快承接珠三角创新型城市的资源辐射。肇庆要主动对接珠三角地区创新型城市"创新源"，引进珠三角地区创新型城市高端产业和创新资源到肇庆落地转化，加快构建"广深港澳研发孵化—肇庆加速产业化"的创新协作发展格局。同时，也要加快提升自身的资源承接和成果转化能力，特别是在承接资源的创新平台、创新载体、创新主体上要重点发力，打造以肇庆高新区、肇庆新区为引领的粤港澳大湾区创新产业重要承载地，努力向国家创新型城市目标迈进。

9.2　珠三角创新型城市建设的重点举措

　　国家创新型城市建设着重体现在创新要素集聚能力、综合实力和产业竞争力、创新创业环境、创新政策体系和治理能力、创新对社会民生发展的支撑等方面。按照国家创新型城市的建设要求，本书从创新要素集聚、创新人才激励、创新成果转化、创新企业培育、创新载体建设、创新投入带动、创新服务完善、创新环境营造、创新改革政策落地、创新对社会民生的支撑十个方面提出珠三角国家创新型城市的建设路径。同时，以新形势下高水平推进粤港澳大湾区建设为契机，把粤港澳大湾区建设作为创新型城市建设的重要创新通道，积极探索体制机制创新，加强珠三角城市群创新主体的合作和协同、创新资源的流动和配置，激发区域创新活力。图 9 - 3 为珠三角创新型城市建设路径。

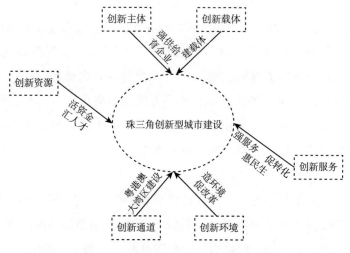

图 9 - 3　珠三角创新型城市建设路径

9.2.1　强供给，打造科技创新原动力

积极与国内外知名高校和科研院所开展合作交流，共建高水平研究院、实验室，集聚国内外高端人才、资金、技术和信息等创新资源，培育壮大新型研发组织。加强产学研合作，构建覆盖完整创新链、以市场需求为导向的各类创新联合体，形成创新吸附效应、聚合效应、规模效应和品牌效应。引导国家和省级科研院所、高校、企业等创新主体与城市创新要素深度融合，加快创新成果溢出，支撑服务城市经济社会发展。

9.2.2 促转化，提升产业体系影响力

推动高校和科研院所、企业科技成果转移转化，建设科技成果中试与产业化载体，形成以企业技术创新需求为导向、以市场化交易平台为载体、以专业化服务机构为支撑的科技成果转移转化新格局。加快推进产业技术创新，强化政策、研发平台、项目、人才、园区、产业化的一体化部署，突破应用一批产业关键核心技术，建立健全以企业为主体、市场为导向、产学研相结合的现代产业技术创新体系，持续发展壮大各市特色优势产业，提升产业体系影响力。

9.2.3 育企业，增强创新主体竞争力

把发展科技型中小企业作为科技创新与城市经济社会发展对接融合的重要抓手，推动企业成为技术创新决策、投入、研发和成果推广应用的主体。推动科技型中小微企业与高校、科研院所开展产学研合作，培育具有较强竞争力的创新型领军企业和一批小而强、小而专、小而精的科技型中小企业。发展具有较强竞争力的创新型产业集群，加快形成区域创新型经济格局。

9.2.4 建载体，发挥创新载体集聚力

加强科技创新基础能力建设，将国家自主创新示范区、高新区、科学城等作为建设创新型城市的核心载体和重要平台，加快经济技术开发区、农业科技园区、可持续发展实验区和技术创新中心、实验室、工程（技术）研究中心建设与发展，打造区域创新示范引领高地。加强规划引导和统筹布局，创新管理模式和运行机制，推动创新主体集聚、创新资源聚合、创新服务聚焦、新兴产业聚变。推动各类园区和高校、科研院所、企业等建设一批专业化公共服务平台和创新创业载体，加强资源共享和开放合作。

9.2.5 活资金，增强创新投入牵引力

加大地方财政科技投入，促进政府投入稳步增长、企业投入持续增长。创新科技金融服务模式，构建多元化、多层次的科技创新投融资体系，鼓励银行业金融机构创新金融产品，积极发展天使投资，壮大创业投资规模，稳妥推进互联网金融创新。建立运行高效、风险可控的融资平台，积极开展知识产权质押融资、科技保险、科技融资担保风险补偿等金融创新服务。充分发挥科技成果转化、中小企业创新、新兴产业培育等方面基金作用，引导带动社会资本投入创新。

9.2.6 汇人才，激发创新人才创造力

加强海外高端创新人才引进，加大本土创新人才的培育，实施更加开放的创新人才政策，创新人才培养、使用和引进模式，完善创新型人才流动和服务保障模式。发挥政府、市场、专业组织、用人单位等多元评价主体作用，以创新业绩和实际贡献为导向，加快建立科学化、社会化、市场化的人才分类评价制度。完善科研人员收入分配政策，依法赋予创新领军人才更大人财物支配权、技术路线决定权，实行以增加知识价值为导向的激励机制。

9.2.7 强服务，提高创新服务支撑力

支持高校、科研院所整合科研资源，面向市场提供专业化的研发服务。鼓励研发类企业专业化发展，积极培育市场化研发中介和研发服务外包新业态。加快发展第三方检验检测认证服务，鼓励不同所有制检验检测认证机构平等参与市场竞争。大力发展知识产权代理、法律、信息、咨询、培训等服务，构建全链条的知识产权服务体系。鼓励发展科技战略研究、科技评估、科技招投标、管理咨询等科技咨询服务业。

9.2.8　造环境，增强创新创业包容力

深化商事制度改革，降低创新创业制度门槛。依托行业龙头企业、高校、科研院所，选择重点产业领域，建设一批以成果转化和企业孵化为核心，专业服务水平高、创新资源配置优、产业辐射带动作用强的孵化器或众创空间，支撑实体经济发展。加快推进大众创业万众创新，举办创新创业大赛等各类活动。完善全社会创新创业的政策环境，营造宽松包容、追求卓越的创新文化。

9.2.9　促改革，发挥创新政策驱动力

深化科技、经济、政府治理等领域改革，最大限度释放创新活力。狠抓国家和省已出台的各项改革举措和政策措施的落地，加强各类创新政策的衔接配套，让广大科研人员享受更多的"获得感"。先行探索符合本地实际的创新政策，构建涵盖各类创新主体，覆盖全过程创新生态链的政策体系，改善现有的创新要素获取与利用机制，降低创新创业的隐形门槛和各类制度性交易成本，形成激发创造力和注重开放性激励性的体制机制。

9.2.10　惠民生，加强科技惠民辐射力

依靠科技创新破解绿色发展难题，加快建设资源节约型、环境友好型社会，促进人与自然和谐发展。依靠创新促进城乡区域协调发展，促进经济社会协调发展，促进新型工业化、信息化、城镇化、农业现代化同步发展，不断增强发展整体性。依靠科技创新建设低成本、广覆盖、高质量的公共服务体系，让更多的人享有更宜居的生活环境、更优质的医疗卫生服务、更安全的食品药品。

9.3 珠三角创新型城市建设的推进路径

珠三角具有建设创新型城市的良好基础，近年来，通过广州、深圳、东莞、佛山四个创新型城市的建设，也积累了较好的实践经验。在新的发展阶段，广东应主动作为，积极推进珠三角创新型城市群的建设，推动珠三角城市依靠自身资源禀赋和特色优势，探索差异化的城市创新发展路径。通过创新型城市的建设，推进以科技创新为核心的全面创新，不断提高区域创新能力和城市发展能级，为创新型广东建设和粤港澳大湾区国际科技创新中心建设提供有力支撑。

9.3.1 积极组织谋划，自上而下推动创新型城市建设

《广东创新型省份建设试点方案》提出，珠三角地区各地级以上市要基本建成创新型城市，支撑广东率先基本建成创新型省份。结合广东实际情况，为达到珠三角创新型城市全覆盖的目标，广东应从全省层面加强谋划、统筹协调，积极与科学技术部、国家发展改革委等部门沟通联系，建立创新型城市建设的沟通渠道和协调机制。同时，加强对广州、深圳、东莞、佛山建设创新型城市先进经验的总结推广，研究制定符合广东实际的国家创新型城市试点建设工作方案，组织珠三角各地市研究形成创新型城市试点建设方案，指导珠三角各地市形成具体举措和出台相应政策，推动珠三角国家创新型城市试点建设工作取得较大的突破。

9.3.2 分批有序推进，因地制宜探索差异化发展路径

结合珠三角各地市的综合实力和创新能力，分批次、有重点地推进珠三角国家创新型城市建设。充分调动珠三角地区及其余各市的主动性和积极性，优先支持珠海、中山、惠州等具备良好基础、创新能力突出、带动作用

强的城市创建国家创新型城市。依据各地市的地理位置、产业优势、资源存量和创新型城市的推进程度等，在创新型城市战略发展上作出布局。引导珠三角各地市充分发挥优势特色，结合自身资源禀赋和创新功能定位，找准各自创新型城市的发展模式，因地制宜探索差异化创新发展路径，建立适应城市创新发展需求的创新政策体系，实现地区创新发展的多样化格局。

9.3.3 强化区域协同，发挥先进城市的辐射带动效应

支持广州、深圳等先进城市提升辐射带动作用，进一步发挥"溢出效应"，推进珠三角创新型城市一体化发展，打造区域创新共同体。以深圳、广州为创新策源地，增强创新资源配置、科技创新策源、高端产业引领功能，以东莞、佛山为制造业创新高地，加快发展先进制造业和现代服务业。珠三角其他城市依托资源禀赋和区位条件，增强要素集聚能力，承接符合自身功能定位、发展方向的资源溢出和产业转移，因地制宜选择培育适合自身发展方向的特色优势产业，避免无序竞争和低水平同质化发展。通过建立长效和完善的跨区域科技创新合作协调机制，整合区域内优势创新资源，更高效地实现创新链、产业链的跨域联动，在珠三角地区形成成果、技术、产业、人才等方面的创新型城市分工体系。

9.3.4 完善政策保障，将政策举措与发展实际相衔接

在创新型城市建设中，政府应主动发挥公共管理和社会服务职能，将创新型城市建设推进举措与城市发展战略和决策部署相衔接，围绕科技创新、产业发展、人才引育、社会民生、生态文明、政府治理等方面，加强重大发展战略决策、重大项目、重大政策的支撑力度，为创新全过程提供必要的基础设施、公共服务、制度保障和政策环境，构建全链条、全要素、全过程的创新生态体系。通过有力的政策引导，将各类创新要素与经济发展、城市空间、文化理念、生态环境等城市发展要素有机融合，为城市的创新发展开辟新路径。

| 第 10 章 |

珠三角创新型城市建设的对策与建议

10.1 "广深"双核，打造区域创新策源地

10.1.1 深圳

10.1.1.1 面临形势

（1）深圳肩负"双区"建设重大使命。习近平总书记为新时代深圳经济特区建设擘画了宏伟蓝图，亲自谋划、亲自部署、亲自推动粤港澳大湾区、中国特色社会主义先行示范区建设，为深圳未来发展创造了重大历史机遇。《粤港澳大湾区发展规划纲要》指出，要瞄准世界科技和产业发展前沿，建成全球科技创新高地和新兴产业重要策源地，打造国际科技产业创新中心。《中共中央　国务院关于支持深圳建设中国特色社会主义先行示范区的意见》指出，支持深圳强化产学研深度融合的创新优势，以深圳为主阵地建设综合性国家科学中心，在粤港澳大湾区国际科技创新中心建设中发挥关键作用，努力创建社会主义现代化强国的城市范例。随着粤港澳大湾区综合性国家科学中心建设全面发力，深圳将大幅提高原始创新能力，强化在全球创新网络中的地位。前海深港现代服务业合作区、河套深港科技创新合作区等国家级重大平台加快建设，将推动深港澳更紧密合作，将深圳打造成为高水平对外开放门户枢纽。深圳都市圈和重点片区高标准规划建设，将大幅提升

深圳经济和人口承载力，增强深圳的发展后劲。

（2）关键创新向"无人区"突破。长期来看，深圳的科技创新面临"技术风险"与"非技术风险"叠加的局面，一方面，创新本身具有不确定性，当前全球新一轮科技革命和产业变革正处于从蓄势待发到群体迸发的关键时期，科技创新呈现跨界融合、底层延伸、基础迈进的新趋势，技术快速迭代更新，存在一定的技术风险。另一方面，当前全球创新版图正在加速重构，中美贸易摩擦、单边主义、保护主义和逆全球化长期存在，政治、经济等因素导致的"非技术风险"日益增大，自主、安全、可控的科技创新体系亟须加速构建。深圳科技创新水平已走在全国前列，且较多科技创新已经实现从"跟跑""并跑"到"领跑"，但是，基础研究、原始创新和关键核心技术"卡脖子"问题仍比较突出，集成电路、显示面板、机器人、医疗器械等领域的一大批重要设备和关键零部件仍然受制于人，产业链、供应链安全问题凸显。随着深圳大批企业的创新实力的不断增强，将不断向前沿科技领域甚至基础科研领域延伸，逐步攻入"无人区"。重大创新是"无人区"的生存法则，需要理论突破、技术颠覆，这些则需要长期大量的原始创新积累。

（3）创新资源瓶颈有待解决。土地、人才等创新资源依然是深圳短板。由于土地稀缺，深圳的高水平大学、研究机构及教育医疗等基础设施的供给始终处于紧平衡状态，主要表现为各区高等院校及创新装置分布不均、中小学优质学位紧张、三甲医院过少，远低于北上广等城市。土地资源稀缺带来的房价攀升，使得企业的运营成本大为增加，对有意向来深创新创业的人才造成了挤出效应。此外，虽然深圳实施了一系列政策吸引国内外人才，但是由于缺少重大科学研究平台和载体，以及新兴产业发展对应用型人才需求的不断增长，导致高端人才难以满足科技创新需求。

（4）创新体制机制还有待完善。一方面，前沿领域的科技创新具有跨行业的典型特征，而现行的法律法规、行业规范、管理政策都是以条块管理为主，缺少跨部门、跨行业的基础研究合作机制，政策信息传导不畅，缺乏统一的政策汇集平台。另一方面，市场配置科技创新资源的决定性作用与政府宏观引导之间的定位仍难以厘清，政府支持科技发展在对象、阶段、力度及评价体系等方面的平衡点仍难以把握。此外，在经济发展新动能加快壮大的同时，技术创新、制度创新供给不足等制约因素凸显，特别是一些经济领域在准入、监管、服务等方面的管理规则已不适应新的发展趋势，迫切需要加快制度创新步伐，营造包容支持创新创业和推动传统产业提质增效的制度环境。

10.1.1.2　对策建议

（1）打造湾区科技创新引擎。未来深圳要围绕建设高质量科技创新供给示范城市系统谋划，在科技创新各领域和全过程进行系统性改革试验，提升、畅通科技创新全链条，共同建设粤港澳大湾区国际科技创新中心，打造国家科技创新战略力量，以高质量的科技创新供给支撑经济社会全面可持续发展。

一是共建大湾区综合性国家科学中心。发挥深圳作为主阵地的作用，以光明科学城为主体集中布局重大科技基础设施，以应用研究带动基础研究，实现科学研究、实验开发、推广应用有机联动。创新综合性国家科学中心运行机制，探索建立符合大科学时代科研规律的科学研究组织形式。健全重大科技基础设施运营管理和开放共享机制，支持港澳高校和龙头企业参与重大科技基础设施建设。面向产业需求统筹布局重大创新平台、集聚高端创新人才、安排重大创新项目，打造粤港澳大湾区重大原始创新策源地和科研成果中试转化基地。

二是打造以国家实验室为龙头的战略科技力量。聚焦宽带通信和新型网络等领域建设国家实验室，打造世界顶尖的网络通信研究中心。推进国家实验室基地建设，加强省部共建国家重点实验室，支持设在港澳的国家重点实验室在深圳建设分室。推进广东省实验室建设，完善建设管理运行机制。加大市级重点实验室建设力度，提升诺贝尔奖科学家实验室创新能级，联合建设一批国际伙伴实验室。

三是构建重大战略创新平台体系。高标准建设光明科学城，加快建设重大科技基础设施、前沿交叉研究平台和产业创新中心。创新河套深港科技创新合作区体制机制，全面对接国际科技创新规则制度，推动国际性产业与标准化组织落地。规划建设西丽湖国际科教城，完善部省市合作共建机制，创新开发建设模式，打造产学研用深度融合示范区。充分发挥国际大学园和龙头企业的带动作用，建设大运深港国际科教城。

（2）探索全球创新引领型城市的基础研究模式。以建设大湾区综合性国家科学中心为依托，前瞻性、战略性、系统性、协同高效布局开展基础研究，探索全球创新引领型城市的基础研究模式，打造国家战略科技力量。

一是加大基础研究投入。提高基础研究经费投入占全社会研发投入比重，优化基础研究经费投入结构，加大政府基础研究投入，引导企业加大基础研究工作。牵引应用研究投入比重同步提升，实施分类分级策略，研究联合国家自然科学基金委员会和中国科学院共同设立大科学装置科学研究基金，研究设立国际大科学计划和大科学工程专项资金，推进国际大科学计划和大科学工程研究工作，提升基础研究投入的精准性、高效性、持续性，探索中国版全球创新引领型城市的基础研究模式。

二是探索政企共同支持企业参与基础科学研究的模式、方法、路径。探索采用"联合冠名、共同使用、财税激励"等模式，引导企业持续加大研发投入，发挥财税政策的激励引导作用，支持企业参与建设基础研究机构，牵头联合高等院校、科研机构承担国家基础科学研究任务。

三是围绕产业发展，聚焦应用基础研究，完善圈层式基础研究条件。实施"基础科研工具和平台部署计划"，完善基础研究的基础条件，在人工智能、大数据、新材料、合成生物学等领域建设一批科研平台、技术创新中心、临床医学研究中心、产业转移转化平台。面向深圳及大湾区主导优势产业，在信息、生命健康、智慧城市、节能环保、公共安全等方面系统实施基础研究计划。

（3）构建高端高质高新的现代产业体系。巩固壮大实体经济根基，增强产业链根植性和竞争力，前瞻布局战略性新兴产业，培育发展未来产业，提升服务业发展能级，推动先进制造业和现代服务业深度融合发展，提高经济质量效益和核心竞争力，重塑产业链竞争新优势。

一是探索关键核心技术攻关新型举国体制深圳路径。瞄准产业链价值链关键环节，充分发挥龙头企业作用，整合优化科技资源配置，构建"政府主导、市场引导、央地协同、多元参与"的组织形式，努力实现更多重大颠覆式创新。聚焦集成电路、关键元器件、工业母机、基础软件等领域实施梯度攻关，突破一批前沿性、引领性、颠覆性技术。探索建立"需求方出题、科技界答题"的新机制，推动组建若干创新联合体，有效整合各部门科技、产业、人才等专项资金，"一技一策"突破关键技术。积极承接国家科技重大专项和重点研发计划。加大军地协同攻关力度，探索先进国防科技协同创新模式。

二是推进产业基础高级化和产业链现代化。开展以产业需求为导向的技术攻关，提升基础核心零部件、关键基础材料、先进基础工艺、基础关键技术等研发创新能力，发展先进适用技术。积极参与国家产业基础再造工程，主动对接开展国家级产业基础提升相关重点项目。建设国际科技信息中心和国际产业信息中心，构建特色鲜明、国内一流、国际知名的科技智库和产业智库。建设一批企业主导、院校协作、多元投资、成果分享的技术创新中心、产业创新中心，在未来通信高端器件、超高清视频等领域争创国家级制造业创新中心。实施全产业链发展战略，围绕集成电路、5G、生物医药、新能源汽车等重点产业链，实施"链长制"、做好"链式"服务，持续推动补链、强链、延链、控链、稳链。完善供应链清单制度和系统重要性企业数据库，清单式管理高风险零部件和"卡脖子"技术。实施产业链精准扶持政策，培育一批产业生态主导型企业、产业链"链主"企业，构建完善大中小微企业专业化分工协作、共同发展的产业体系。

三是构建现代产业体系。发展壮大新一代信息技术、生物医药、数字经济、高端装备制造、新材料、绿色低碳、海洋经济等战略性新兴产业。聚焦6G通信网络关键技术、量子科技、深海科学、深空探测及空间飞行器、氢能等领域实施未来产业引领计划。构建数字经济新优势，以数字产业化和产业数字化为主攻方向，大力发展数字经济，建设数字政府、智慧城市、数字生态，促进数字化转型，引领数字新生活。

（4）以综合改革试点构筑体制机制新优势。利用综合试点改革方案及批量清单落实创新型城市建设举措，着力深化重要领域和关键环节改革，推进规则标准等制度型开放，形成一系列可复制、可推广的重大制度创新成果，促进改革系统集成、协同高效，为创新型城市制度建设作出重要示范。

一是深化科研项目管理改革。改革科研项目立项和组织方式，建立充分发挥市场化优势、技术链和价值链有机结合的项目遴选、经费分配、成果评价机制。加强政府在科研领域的主动布局，实行"揭榜挂帅""赛马式资助""里程碑式考核"等制度，探索以悬赏方式组织项目。扩大高等院校学术自主权和科研人员选题权，依托高水平创新载体直接组织项目。完善重大科技计划项目评审"主审制"，推行科研项目分类管理试点，针对中长期基础类、前沿类、颠覆性技术创新项目，建立创新失败容忍机制。

二是健全科技成果产业化机制。健全职务科技成果产权制度，开展科技成果权属改革试点，赋予科研人员职务科技成果所有权或者长期使用权，完善科研成果转化利益分配机制。培育发展技术转移机构和复合型技术经理团队，制定技术转移激励政策，加快国家技术转移南方中心建设，推动高校、科研机构设立技术转移部门，将科技成果转化情况纳入分类考核评价体系，推动技术转移机构"提质培优"。完善转化应用公共服务平台体系，加强应用场景建设，打造一批贴近市场需要的概念验证中心、中小试转化基地。集中布局一批以企业为主体的科技成果转化基地，构建"众创空间—孵化器—加速器—科技园"全链条孵化育成体系。推进"科创中国"试点城市建设，促进科技经济深度融合。

三是完善金融支持科技创新的体制机制。全力发展金融科技，鼓励银行业金融机构与外部投资机构合作，积极探索多样化和优惠的科技金融服务及模式。便利创新企业融资，推动具有创新引领作用的企业发行股票或存托凭证（CDR），并在深圳证券交易所上市。

四是加快发展技术要素市场。推进知识产权注册便利化改革，争取设立专利审查协作分中心。加快建设全国性知识产权和科技成果产权交易中心，探索完善知识产权和科技成果产权市场化定价和交易机制。探索开展可大规模复制和推广的知识产权证券化新模式，支持金融机构开展知识产权质押融资和保险业务。建立覆盖交易、评估、咨询、投融资、保险等知识产权运营服务体系，建设涉外专利特区。加强关键领域自主知识产权创造和储备，建设国际知识产权合作平台、高价值专利培育布局中心等。

五是深化土地管理制度改革。建立不同产业用地类型合理转换和兼容机制，鼓励建设用地功能复合优化，推进二三产业混合用地。健全长期租赁、先租后让、弹性年期供应、作价出资（入股）等工业用地市场供应体系，先行先试国有建设用地使用权到期续期制度改革。创新城市低效用地再开发模式，探索商业用地与低效工业用地置换，加强政府主导的连片产业空间供给。

（5）建设国家开放创新战略支撑平台。深圳要顺应经济科技全球化发展大势，充分利用粤港澳大湾区在"一带一路"建设中的战略地位和港澳"超级联系人"的独特功能，建设国家开放创新的战略支点，提高全球配置创新资源能力，提升创新合作层次和水平，深度参与全球创新治理，有效应对国际科技封锁，切实增强国际科技话语权，探索科技开放合作新模式、新路径、新范式，构建开放型区域协同创新共同体。

一是共建广深港澳科技创新走廊。加强深港澳产学研协同发展，增强河套深港科技创新合作区的科技创新极点作用。探索促进创新要素跨境流动和区域融通的政策举措，深化深港澳创新孵化、科技金融、成果转化、技术转让、科技服务等领域合作。建立健全科技创新合作机制，加强科技创新政策协同，建立跨区域实验室群组，共同推动重大科技基础设施、重要科研机构和重大创新平台共建共享、信息互通。实施深港澳科技计划项目，推动深港澳创新主体联合攻关。

二是主动融入全球创新网络。积极承担或参与国际大科学计划和大科学工程，举办国际大型科技论坛。发起成立世界创新城市合作组织，探索深圳与全球创新领先城市和国际友城间创新合作机制，支持国际一流高校在深设立研究机构。支持企业在境外设立研发机构，共建科技合作园区、技术转移中心等平台。积极对接国际高端人才、先进技术、资本和研发资源，打造全球城市网络重要节点，成为我国参与国际竞争的"先锋队"。

三是建设开放包容先行的国际人才高地。实行更加积极、更加开放、更加有效的人才政策，引进培养一批具有国际水平的战略科技人才、科技领军人才、青年科技人才和高水平创新团队，打造完备的人才梯队体系。实行更加开放便利的境外人才引进和出入境管理制度，探索实施技术移民政策，畅通海外科学家、高端创新人才来华工作通道。建立与国际接轨的高层次人才招聘、薪酬、评价、考核、科研资助和管理制度，推动高端紧缺人才个人所得税优惠政策扩大适用范围和期限。允许取得永久居留资格的国际人才创办科技型企业、担任科研机构法人代表和负责人，探索建立高度便利的境外专业人才执业制度。营造国际一流的人才发展环境，加大优质公共服务资源供给，为人才提供安居、医疗健康、子女教育等服务保障。完善便利国际人才工作生活的配套措施，为国际人才提供一站式服务。

10.1.2　广州

10.1.2.1　面临形势

（1）"双区"建设、"双城"联动为广州提升城市创新能级带来重大契机。粤港澳大湾区、中国特色社会主义先行示范区"双区"建设与全面创新改革试验区、自由贸易试验区、国家自主创新示范区"三区"联动叠加，广东省委、省政府以支持深圳同等力度支持广州改革发展，推进"双城"联动，有利于广州推进广深科技创新合作、共建共享，发挥科创中心的源头策动作用，集聚大体量、综合性、全链条的重大创新平台，打造特色鲜明、竞争力强、高端集聚的现代产业体系，形成创新要素自由流动、体制机制充满活力、国际国内深度融合的开放创新格局。同时，横琴、前海两个合作区建设，持续深化改革创新，为广州在改革协同联动中推进更高水平改革开放，在创新协同联动中提升创新发展动能，不断增强粤港澳大湾区核心引擎功能。

（2）新形势下凸显广州实现高水平科技自立自强的使命和担当。我国科技实力正处于从量的积累向质的飞跃、点的突破向系统能力提升的重要时期，加快科技自立自强是全面建设社会主义现代化、实现第二个百年奋斗目标的必然要求，经济社会发展和民生改善需要科学技术解决方案，需要加快实现高水平科技自立自强，因此，要立足现代化建设全局，坚持创新核心地位，依靠科技进步催生新动能、推动新发展。同时，我国面临的发展不平衡不充分问题仍然突出，创新能力还未充分适应高质量发展的要求；在国际竞争中，面临高精尖技术受发达国家封锁和打压、创新要素资源被发展中国家抢占和分流的"双向挤压"，加快科技自立自强是应对"两个大局"相互激荡、更好掌握斗争主动权的决胜之策，国内主要创新城市凭借各自优势在创新全链条上高速进位，广州应从我国实现科技自立自强、建设世界科技强国的战略高度勇担使命，主动作为。

（3）以科技创新赋能老城市焕发新活力迎来先机。习近平总书记在广州视察时，对广州提出了"老城市新活力"的要求，广州以综合城市功能、城市文化综合实力、现代服务业、现代化国际化营商环境"四个出新出彩"为核心，高质量推进实现老城市新活力。广州要对标国家赋予广州的战略定位和城市功能，探索科技创新赋能老城市新活力的广州路径，围绕产业链现代化全面部署创新链，努力掌握产业链核心环节、占据价值链高端地位，提升城市治理科学化、精细化、智能化水平，为高质量发展注入新动能，把增进民生福祉作为创新创造的出发点和落脚点，让科技创新成为人民"获得感"的重要源泉，力争实现老城市新活力、"四个出新出彩"，为全球科技赋能产业发展、城市治理、社会民生提供广州样板。

（4）广州经济社会高质量发展对科技创新需求更加迫切。经济社会的高质量发展，迫切要求广州在利用全面深化改革开放的地缘、先发、平台、机遇优势基础上，强化创新驱动引领，形成创新、改革、开放三大动力推动的高质量发展格局。然而，当前，广州科技创新仍存在一些薄弱环节，表现在科技创新战略布局融入国家发展大局不够；战略性、前瞻性创新成果不足；创新型领军企业数量不多、实力不强，具有世界影响力的创新型产业集群尚未形成；高端人才资源不够富集，全社会创新创业活力不足；创新创业生态仍不完善，深层次的科技体制机制瓶颈问题尚未破解。因此，广州要将创新发展置于战略发展全局的核心，夯实持续高质量发展的基点和基础，加快建设创新型城市，全面深度发展创新型经济，实现创新驱动的质量持续提升，效益稳步提高，支撑广州引领经济高质量持续发展。

10.1.2.2 对策建议

（1）加强战略科技力量建设布局。广州要主动承担实现科技自立自强的使命，积极对接国家战略科技力量布局，面向世界科技前沿、面向经济主战场、面向国家重大需求、面向人民生命健康，加强基础研究的前瞻部署、多元投入和政策支持，布局重大创新平台，加强"从 0 到 1"的原始创新和科学发现，带动从"1 到 10"的科技成果产业化，推动科技创新从引进、吸收、再创新的"反向复刻"模式，转向以科学引领产业的"正向推动"新阶段。

一是持续加大创新投入。加强前沿性、核心性、共性技术的战略投入，实现引领性、颠覆性创新研究和技术的新突破。强化基础研究长期稳定支持，加大对冷门学科、基础学科、交叉学科投入。拓宽基础研究经费投入渠道，推广"市校（院）联合资助项目"经验，引导社会资本投入基础研究，鼓励通过设立基础研究基金、开展联合资助等方式加大投入力度，逐步提高基础研究占全社会研发投入比例。加强原创性、引领性科技攻关支持，健全完善技术攻关、成果转化、孵化育成生态，以高科技前瞻布局和战略引领，构建广州持续高质量发展的科技创新体系，形成高质量发展的战略科技领先优势。

二是加强重大科技创新平台建设。构建科学高效的多层次实验室体系，整合优势资源全力建设广州实验室，打造服务国家需求、承担国家使命、体现广州实力的国家战略科技力量。加快推进粤港澳大湾区国家技术创新中心建设，聚焦技术创新与成果转化，打造国家技术创新体系战略节点。布局和建设一批科研院所、研究型大学、应用型科技大学和前沿科学中心，支持国家级大院大所在广州建立分支机构，打造世界级科技创新平台，增强科技供给能力。

三是探索关键核心技术攻关新型举国体制"广州路径"。深入实施重点领域研发计划，积极开展重大专项部省市联动，推动优势科研力量承担国家科技重大专项、国家科技创新 2030—重大项目、重点研发计划以及省重点领域研发计划。支持人工智能、集成电路、智能网联汽车、生物医药、脑科学与类脑研究、新能源、新材料、深海、空天科技等关键领域核心技术研发，成体系解决核心基础零部件、关键基础材料、先进基础工艺和产业技术基础等"卡脖子"问题，力争形成一批领跑、并跑的原创性成果。

（2）打造先进制造业强市和现代服务业强市。经过改革开放 40 多年的快速发展，广州在商贸方面优势显著，形成了具有竞争力的制造业集群和现代服务业集群，通过与数字经济相融合，催生新产业、新业态、新模式，能够进一步发挥科技创新对现代产业体系的支撑引领作用，推动经济体系质量变革、效率变革、动力变革，支撑广州建设先进制造业强市和现代服务业强市。

一是加快推动数字产业化。打造世界级数据赋能产业转型升级创新平台，以广州人工智能与数字经济试验区为核心，联动各区建设高质量的数字经济创新空间载体，汇聚优势企业和高端要素，发展壮大新型电子信息制造、软件和信息服务、下一代通信、互联网等数字经济核心产业，培育壮大人工智能、大数据、云计算等新兴前沿数字产业，打造具有国际竞争力的数字产业链集群。

二是促进传统制造业数字化转型。深化数字技术在制造业的应用，鼓励企业开展数字化、智能化、网络化改造。推动汽车、船舶、纺织服装、美妆日化、箱包皮具、珠宝首饰、食品饮料等传统制造业数字化转型，促进制造业产业链与创新链深度融合，鼓励发展个性化定制、网络化协同、智能化生产、服务型制造等新模式。加强设计、生产、管理、服务等环节数字化创新，强化工业互联网关键技术攻关，提高工业芯片、工业传感器、工业软件、工业操作系统等供给能力。

三是推进现代服务业数字化创新。加强服务业新技术、新业态、新模式的研发创新，推动 5G、人工智能、大数据、云计算、物联网、区块链、北斗卫星导航等数字技术融合应用。数字化赋能商贸、物流、会展等传统服务业转型升级，促进数字金融、数字会展、数字文化、数字旅游等加快发展。大力发展智慧交通、智慧教育、智慧医疗等高端服务，培育众包设计、智慧物流、新零售等新增长点，推动生产性服务业向专业化和价值链高端延伸、生活性服务业向高品质和多样化转变。

（3）构建支持新兴产业发展的开放创新创业生态。广州要深化体制机制改革，完善新兴产业制度供给，充分激励创新创造创业，最大范围调动创新热情与创新能量，最大限度解放和激发科技第一生产力，最大程度实现高科技生产力的现实转化和实践应用，营造良好的创新生态，以深化改革激活创新元素，提高发展的创新性，形成创新驱动和引领的经济体系与发展模式。

一是加强科技体制机制改革。深化科技领域"放管服"改革，推行项目攻关"揭榜挂帅"制，实施"以赛代评""以投代评"机制，深化"包干制"和"负面清单"试点。健全创新激励和保障机制，实行以增加知识价值为导向的分配政策，完善科研人员职务发明成果权益分享机制，鼓励高校和科研机构试点赋予科研人员职务科技成果所有权或长期使用权，提高科研人员收益分享比例。在"双区"建设、"双城"联动背景下，广州着力强化粤港澳大湾区核心引擎功能，促进科技创新规则衔接和要素流动，共建广深港和广珠澳科技创新走廊。

二是完善产业发展平台。围绕重点发展产业，积极举办有国际影响力的产业峰会、高端论坛、学术交流活动，搭建跨国公司、国家级大院大所、高等院校、企业集团等的产业交流创新平台，支持企业"走出去"共建联合实验室、海外研发中心或科技园。大力推动前沿技术创业，进一步打造创业苗圃—孵化器—加速器育成链条。

三是发挥金融和人才对创新创业生态的支撑作用。协同港澳和深圳构建多元化、国际化、跨区域的科技创新投融资体系，优化广州产业投资基金、科技创新发展资金、科技成果产业化引导基金等各类政府性投资基金使用，建立覆盖种子期投资、天使投资、风险投资、并购重组投资的基金体系。大力发展创业投资和股权投资，培育引进一批知名头部风投创投机构，打造国内标志性风投创投集聚区。通过实施"广聚英才计划"、落实粤港澳大湾区个人所得税优惠政策等多措并举，面向全球汇聚"高精尖缺"人才，培育具有国际竞争力的青年科技人才后备军，不断完善科技人才评价和激励机制，激发创新创业创造活力，为科技创新提供坚实支撑。

（4）深化开放合作共建国际科技创新中心。广州要充分发挥"一带一路"、粤港澳大湾区等开放平台作用，进一步全面深化开放，形成开放新格局，加强广深"双城"联动，深化国际科技开放合作，以高质量开放推动高质量发展。

一是加强广深"双城"联动。广州、深圳作为粤港澳大湾区发展的核心引擎，合共拥有 6 万亿级经济体量，规模宏大。要以此为基础，利用科技创新优化产业结构，瞄准未来科技和产业发展方向，利用"双城"联动，优势叠加、合力打造引领全球的战略性新兴产业集群。围绕高端装备制造、智能网联汽车、生命健康医疗等新领域，联合实施一批战略性新兴产业工程。充分发挥大湾区产业门类齐全、应用场景丰富、市场容量巨大等优势，加快构建广深数字经济"双城"联动发展新格局。以建设粤港澳大湾区国际科技创新中心为核心，推进"双城"联动共建综合性国家科学中心，打造广深港和广珠澳科技创新走廊，共同推进重大科技基础设施、重要科研机构和重大创新平台互通共享，共同促进创新科研成果转化、科技创新服务等平台合作，推动广深风投创投融合和科技成果转化。深化两市基础研究、应用研究、成果转化、产品开发运用全链条的科技合作对接，建立两地科技企业项目与创投机构信息对接共享机制，进一步推动成果跨地区转化应用。充分发挥广州在科技资源、创新平台和教育人才等方面的优势，深圳在科技金融、科技成果转化和高新技术产业等的优势，通过体制机制创新进行有效链接整合，发挥广深科技创新资源的"双城"联动效应。

二是深化国际科技开放合作。实施更加开放包容、互惠共享的国际科技合作战略，更加主动融入全球创新网络，主动发起和积极参与国际大科学计划和大科学工程，完善中欧、中以、中新、中乌等国际科技合作平台，吸引国际高端创新机构、跨国公司研发中心、国际科技组织落户，鼓励国际知名科研机构在广州联合组建国际科技中心。发挥广州驻硅谷、波士顿、特拉维夫等科技创新合作办事处作用，推动在创新型国家和地区设立海外创新办事处，对接当地创新资源和人才，吸引当地科技成果在广州产业化。鼓励科技园区和企业"走出去"，面向全球配置科技资源。擦亮《财富》全球科技论坛、中国创新创业大赛、广州国际创新节、中国风险投资论坛等品牌，打造常态化全球科技活动交流中心、展示中心、交易中心，营造"要创业到广州、要创新来广州"的良好氛围。

10.2 "莞佛"双极，打造制造业创新高地

10.2.1 佛山

10.2.1.1 面临形势

（1）"双区驱动"为佛山带来推进区域协调发展机遇。当前，广东省正举全省之力推进粤港澳大湾区建设和支持深圳建设中国特色社会主义先行示范区，"双区驱动"和广州、深圳"双城联动、比翼双飞"效应将持续释放，为佛山带来千载难逢的发展机遇。从区位上看，佛山毗邻广州，与广州的产业结构具有互补性，要加强广佛同城互动，在交通基础设施上互联互通，加快形成"1小时经济圈"。同时，立足佛山制造业优势与深圳科创优势，联合深圳打造"基础研究＋技术攻关＋成果产业化"全过程创新生态链，开创"深圳创新＋佛山产业"强强联合新局面，积极当好深圳开拓西部的重要腹地和科技外溢的承载地。优化城市环境，完善政策配套，吸引优质人才在佛山工作发展。

（2）构建"一核一带一区"新格局，为佛山带来新动力。2019年，广东省委和省政府印发《关于构建"一核一带一区"区域发展新格局　促进全省区域协调发展的意见》，提出珠三角九市要建成引领全省发展的核心区和主引擎，对标建设世界级城市群，推进区域深度一体化。2022年，广东省委和省政府印发《关于支持佛山新时代加快高质量发展建设制造业创新高地的意见》，指出佛山作为粤港澳大湾区西向门户城市，要发挥承东启西的区位优势，助力珠江口东西两岸协同发展，强化对粤西及西南地区的辐射带动作用，为广东打造新发展格局战略支点提供重要支撑。佛山要把握新机遇，在更高起点上加快高质量发展，在建设大湾区城市群和打造新发展格局战略支点中发挥更大作用。

（3）科技创新和产业创新协同发展有待进一步提高。经过多年发展，佛山在科技创新方面在区域创新、企业创新、科技企业孵化育成等方面取得了

一定的成绩，但相比于其他国家创新型城市，还存在不少短板：如高端研发平台和一流理工院校欠缺，重大科技基础设施数量较少，原始创新能力不足；产业结构偏传统，产业整体水平不高，一些重要产业的关键技术受制于人，"新技术、新产业、新业态、新模式"经济发展不足；区域创新体系建设仍存在薄弱环节，对战略性前沿技术领域布局较少，高技术制造业规模偏小等。如何让科技创新助力产业创新，实现科技和产业创新协同发展是佛山面临的新课题。抓创新就是抓发展，谋科技就是谋未来，佛山要把创新放在现代化建设全局中的核心地位，充分发挥制造业优势，全面实施创新驱动发展战略，通过科技创新推动制造业转型升级，加快打造成为制造业高质量发展标杆。

10.2.1.2 对策建议

（1）加快创新平台建设。高水平建设季华实验室和佛山仙湖实验室，围绕产业科技前沿开展前沿技术和关键核心技术研发。充分发挥佛山国家高新技术产业开发区等创新载体创新发展示范作用，争取更多国家级创新平台在佛山布局建设，提升区域创新能力。

一是高水平建设季华实验室和佛山仙湖实验室。季华实验室瞄准机械工程、光学工程、材料科学与工程、电子科学与技术、计算机科学与技术及生物医学工程等学科方向，加强在半导体技术与装备、机器人及其关键技术、高端医疗装备、新型显示装备、先进遥感装备、增材制造、新材料新器件研究、微纳制造等领域的基础与应用基础研究，争取产生大批具有重要影响力的原创性成果。佛山仙湖实验室对标世界能源、材料等领域科技前沿，争取在关键共性技术、前沿引领技术、颠覆性技术创新上有所突破，成为氢能与新材料领域的科研高地。引导支持佛山科学技术学院联合季华实验室、佛山仙湖实验室开展应用基础研究，突破关键核心技术，加速推进数学、物理、化学、生物等基础科学与技术创新融通发展，不断提高基础科学研究水平。

二是依托重大载体持续布局高端创新平台。充分发挥佛山国家高新技术产业开发区、佛山三龙湾高端创新集聚区等重大创新载体作用，争取国家大科学装置、国家重点实验室、国家工程技术中心和新型研发机构等创新平台在佛山布局和建设，高水平建设中国科学院苏州纳米所广东（佛山）研究院、清华大学佛山先进制造研究院、华南高等研究院（佛山）等，争取季华实验室成为国家实验室预备队、佛山仙湖实验室成为国家重点实验室。在生物医药与大健康、人工智能、高端装备制造等领域谋划建设一批创新平台，探索新型运行机制，同时推动跨平台、跨学科、大协同交叉创新攻关。探索"高校＋高端研究院所＋龙头企业"的发展模式。

（2）加快构建现代产业体系。佛山要优化产业结构，做大做强超万亿产业集群发展水平，巩固提升战略性支柱产业，培育壮大战略性新兴产业，培育新产业新业态，加快发展现代服务业，打造未来发展新优势，推动构建更具竞争力的现代产业体系。

一是提升制造业产业集群化水平。充分发挥珠江西岸先进装备制造产业带龙头引领作用，加快发展智能制造装备、工业机器人、工作母机等高端装备制造。坚持以智能家电、家具、陶瓷等领域为重点，延伸发展工业设计、电子商务等泛家居产业服务配套。巩固传统汽车及零配件制造优势，发展新能源汽车整车、燃料电池汽车关键部件及零配件制造，推动产业链环节发展壮大。加快布局电子信息产业，突出打造服务军工制造的高端装备制造、智能制造、军民通用新一代信息技术三大优势产业集群。强化智能制造装备及机器人、新材料、食品饮料等产业集群集聚效应。布局发展涵盖高、中、低端智能制造装备及机器人产品设备的立体产业结构，加强新材料研制关键工艺和技术攻关。加快建设国药集团中国中药总部基地、暨南大学生物医药产业园等项目，培育构建涵盖医药制造、医疗设备及器械、医疗大健康服务等领域的产业集群。

二是发展壮大战略性产业。巩固提升战略性支柱产业，加快发展壮大新一代电子信息、智能家电、汽车产业等战略性支柱产业集群，引导产业由集聚发展向集群发展全面提升。培育壮大战略性新兴产业，大力培育半导体与集成电路、高端装备制造、智能机器人等战略性新兴产业集群，积极推动产业集群专业化、差异化发展。推进产业基础高级化和产业链现代化，开展关键基础技术和产品的工程化攻关。加大基础研究和关键共性技术、前瞻技术、战略性技术攻关力度，提升产业链、供应链自主可控水平。锻造产业链供应链长板，打造新兴产业链。建立健全重点产业链"链长制"，布局培育一批产业链"链主型"企业和"生态主导型"企业，鼓励开展强强联合、上下游整合，有序推动企业梯次成长。面向汽车及新能源、军民融合及电子信息、智能制造装备及机器人等产业，深入实施补链、建链行动，加快补齐产业链发展短板，提升产业发展核心竞争力。

三是加快发展现代服务业。加快发展生产性服务业，以工业设计、科技服务、现代金融、现代物流、商务会展、电子商务、专业服务、人力资源服务等为重点，推动制造业与服务业融合发展，加速推进生产性服务业集群化发展。推进现代服务业集聚区建设，继续加大对省级现代服务业集聚区的支持力度，支持集聚区做好发展规划、配套基础设施及公共服务平台建设和环境改造等，大力提升集聚区的服务支撑能力。积极推进关联企业、重大产业项目、优质资源集聚，增进产业链耦合深度，发挥现代服务业集聚区的虹吸效应。

（3）持续优化创新创业环境。坚持以人为本，持续优化人才发展政策和创新创业环境，吸引集聚创新人才到佛山发展。加快发展产业金融，大力发展科技金融，提升金融服务实体经济水平，推动经济实现高质量发展。

一是优化人才发展政策和环境。制定制造业人才队伍引育政策，建立急需紧缺人才目录，实现精准引才。完善多元化投入机制，优化财政支出结构，重点扶持"高精尖"领域和战略性新兴产业，保障人才高质量发展。实施更加开放的人才政策，建立柔性引才机制。强化优秀青年人才培养支持力度，研究制定优秀高校毕业生到佛山实习、就业、创业的专项扶持政策。构建充分体现知识、技术等创新要素价值的收益分配制度。全面落实粤港澳大湾区个人所得税优惠政策。提高外国人来华工作管理服务水平，为吸引外国人来华工作提供更便利的条件。打造线上、线下融合的全链条高效人才服务体系，大力构建全市统一的"一站式"人才综合服务平台，打造"市级统筹＋各区协同""公共服务＋市场运作"的人才服务新模式。探索建立市场化人才评价体系，深化专业技术职称制度改革，打通高技能人才与工程技术人才职业发展通道。

二是提高金融服务实体经济水平。发展产业链金融产品和服务，支持大型核心企业、优质金融机构企业发起设立供应链金融平台。加快发展制造业领域融资租赁业务，大力发展直接租赁、售后回租、租投联动等模式。完善企业兼并重组融资服务，鼓励金融机构参与企业兼并重组，扩大企业兼并重组资金来源。持续完善上市/挂牌企业后备库，支持企业抢抓资本市场改革机遇做大做强。大力发展创业投资，引导创业投资机构加大对种子期、初创期科技企业投入。用好用活佛山市创新创业引导基金等，增强企业创新发展能力。鼓励地方金融机构设立科技金融专营机构，加大对科技企业金融服务支持力度。建立健全科技信贷风险补偿机制，发展多元化担保机构。积极开展知识产权质押融资等服务，深化知识产权证券化工作。发挥多层次资本市场对科技型企业的直接融资作用，推动国家级高新技术产业园区企业利用区域股权市场加快发展。探索建设科创企业金融服务中心，为科技企业提供全生命周期金融服务。鼓励保险机构为科技企业提供多方位保险支持。

10. 2. 2　东莞

10.2.2.1　面临形势

（1）"双区"建设为东莞创新发展带来机遇。粤港澳大湾区、深圳中国特色社会主义先行示范区"双区"建设，以及前海深港现代服务业合作区、横琴粤澳深度合作区、南沙粤港澳全面合作示范区建设，有利于形成创新要素自由流动、体制机制充满活力、国际国内深度融合的开放创新格局。随着粤港澳大湾区和深圳先行示范区建设的深入推进，有利于东莞承接中心城市资源外溢，在大湾区城市群中抢先占领重要阵地。东莞要发挥"东莞制造"优势，主动融入粤港澳大湾区、深圳中国特色社会主义先行示范区"双区"建设，为建设粤港澳大湾区国际科技创新中心提供有力支撑。

（2）大湾区综合性国家科学中心先行启动区建设，为东莞发展注入新动力。2020 年 7 月，国家发展改革委、科学技术部批复同意东莞松山湖科学城与深圳光明科学城共建大湾区综合性国家科学中心先行启动区。目前，松山湖科学城集聚了一批重大科技基础设施与科研机构，科技综合实力显著增强，主要科技指标稳健提升，创新生态环境持续优化，科技引领高质量发展成效凸显，发展潜力巨大。但对比国内其他综合性国家科学中心与深圳光明科学城的发展，仍存在高校与高水平科研机构数量不足、源头创新体系服务产业发展能力有待发挥、辐射带动周边地区发展能力不足等薄弱环节。松山湖科学城亟须全力夯实科技创新尤其是源头创新根基，产出一批高水平原始成果，孵化一批有影响力的高新技术企业，引领全市战略性新兴产业培育，为松山湖高新区乃至东莞的高质量发展注入内生增长动力。

（3）构建全过程创新生态链，为"东莞制造"带来新的机遇与挑战。当前，广东正加快构建"基础研究＋技术攻关＋成果产业化＋科技金融＋人才支撑"全过程创新生态链，持续推进成果产业化，大力发展科技金融，培育引进具有国际水平的战略科技人才和创新团队，着力打造高水平人才高地。东莞作为广东第四家加入"万亿俱乐部"的城市，工业化进入高级化、现代化阶段，城市增长动力依然充足。2022年，广东省委、省政府印发《关于支持东莞新时代加快高质量发展打造科创制造强市的意见》，赋予东莞打造前沿科技创新高地、制造业高质量发展示范区等重要战略定位，为东莞提高发展能级带来重要机遇。随着广东省"基础研究＋技术攻关＋成果转化＋科技金融＋人才支撑"全过程创新生态链加快构建，将为东莞提供更广阔的发展空间，有利于东莞加快构建全链条全过程全要素的创新生态，建设全国全省的"科技创新特区"。

10.2.2.2 对策建议

（1）持续推动共建大湾区综合性国家科学中心。未来东莞要围绕科创制造强市系统布局，加快推动国际一流的科研基础设施建设，前瞻性谋划新的大科学装置，推动共建粤港澳大湾区国际科技创新中心，打造科技支撑制造业高质量发展示范区。

一是建设国际一流的科研基础设施。围绕国家战略需求，在松山湖科学城打造空间集聚、学科关联、深度合作和开放共享的重大科技基础设施集群。推动散裂中子源二期加快立项建设，大幅提升加速器束流功率，新建一批谱仪，推动大科学装置功能提升和应用能力拓展。加快推动先进阿秒激光装置尽快立项动工，完成超净室建设及启动基础设施和首条束线建设。推进南方先进光源关键技术预研项目立项。构建完善重大科技基础设施开放运行机制，以科研与产业前沿创新需求驱动大装置的持续更新升级，提升辐射带动企业、产业发展能力。

二是前瞻性谋划新的大科学装置。以材料科学、信息科学为核心，积极探索谋划新的重大科技基础设施，逐步形成全球领先的以材料科学技术研究为特色的科研基础设施集群，支撑松山湖科学城成为国际一流的原始创新高地。建设产业需求导向的专业领域研究设施，发挥重大科技基础设施的优势，坚持产业需求导向，在物质科学和以物质科学为基础的交叉科学应用研究领域建设一批专业领域研究设施，为突破产业"卡脖子"技术提供领先的科研条件支撑。

（2）建设高水平大学和科研院所。围绕产业链，加强完善创新链、人才链布局，创新大学办学机制，培养复合型人才，打造国际化创新人才队伍。加快建设一批高水平科研平台，畅通从源头创新到产业化的创新链条，为东莞产业创新发展提供技术支撑。

一是加快建设高水平大学。创新大湾区大学办学机制，实施"大学＋大科学装置（科研机构）＋龙头科技企业"的科教产合作以及校校合作的协同育人机制，推进与香港中文大学合作共建先进材料和绿色能源研究院；开展多学科交叉研究，努力将大湾区大学建设成为以理工科为主的新型研究型大学。加快香港城市大学（东莞）建设进度，建设香港城市大学东莞研究院，加快高端科研成果转移转化。推动东莞理工学院建设新型高水平理工科大学示范校，加速推进东莞理工学院国际合作创新区建设，打造成为培养高水平应用型创新人才、开展高能级应用创新研究、促进科技成果高效率转化运用的重要载体。加快广东医科大学建设高水平医科大学，加强生物医药优势学科与新一代信息技术、工程学等交叉融合，加快东莞校区科技创新平台、教育部科技查新工作站、实验动物中心、临床医学研究中心等重点平台建设。

二是加快建设一批高水平科研平台。高标准建设松山湖材料实验室，支持松山湖材料实验室前沿科学研究板块建设，全力推动松山湖材料实验室创建国家重点实验室；支持公共技术平台提升服务能力，支持粤港澳交叉科学中心搭建高水平国际学术交流与合作平台，推动松山湖材料实验室积极探索科技成果向产业转化的有效路径。支持粤港澳中子散射科学技术联合实验室、东莞材料基因高等理工研究院、东莞新能源研究院等一批高水平科研机构加快发展，面向前沿交叉领域产出一批原始性科研成果，积极服务产业技术创新与应用。支持广东华中科技大学工业技术研究院参与粤港澳大湾区国家技术创新中心分中心建设，提供面向产业的共性技术支撑。

（3）打造具有国际竞争力的现代产业体系。积极融入广东"双十"战略性产业集群建设，培育战略性新兴产业集群，补齐生产性服务业短板，加快发展现代服务业，强化供应链企业培育和引进，提升产业链供应链现代化水平，为加快建设现代化经济体系和推动高质量发展提供有力支撑。

一是培育战略性新兴产业集群。积极融入广东"双十"战略性产业集群建设，推动东莞新一代电子信息、高端装备制造、纺织服装鞋帽、食品饮料四大支柱产业和软件与信息服务、新材料、新能源、生物医药及高端医疗器械、半导体及集成电路五大新兴产业加快集群发展。聚焦新一代信息技术、高端装备制造、新材料、新能源、生物医药、集成电路、数字经济等重点产业，优化产业发展空间，为七大战略性新兴产业提供用地保障。合理规划产业空间布局，充分发挥松山湖高新区创新引领级、中心城区服务发展级、滨海湾新区开放合作级优势，打造高端高新产业轴带、创新创造产业轴带、智能制造产业轴带。推动总部经济发展，加大对总部企业扶持力度，加强用地保障，降低融资成本，支持引进培养总部企业人才。推动本地优质总部企业进入全国500强、行业500强，引进全国500强企业在东莞设立综合总部、地区总部和功能总部。

二是提升产业链供应链现代化水平。加大对制造业基础零部件、关键材料、工业软件以及检验检测平台等领域的投入，夯实产业基础能力。强化产业理论协同，加大力度推动实施产业基础能力攻关工程和重大示范工程，通过对接国家级产业基础再造工程，补齐产业基础短板。以松山湖、滨海湾新区、水乡功能区、银瓶合作创新区等重大平台为重要载体，推进制造业高端化、智能化、绿色化发展，创建粤港澳大湾区制造业高质量发展示范区。优化产业链发展环境，出台产业链整体扶持政策，打造自主可控、安全高效的产业链供应链。围绕重点产业链关键核心缺失环节开展招商引资，定期发布重点招商目录。聚焦优势产业和战略性新兴产业，集中突破一批基础原材料、关键元器件等领域的核心技术，提升产业链供应链的稳定性和竞争力。加大力度支持具有进口替代力的本土企业做大做强，提升核心企业产业链控制力。强化供应链企业培育和引进，联合龙头企业共建工业互联网产业平台。支持本地龙头企业通过数据共享、人才引进和培养、核心技术攻关、产品优先应用等合作方式培育国内高水平供应链，提升产业链供应链的自主性和安全性。加快制造业数字赋能，促进物联网、互联网、云计算、大数据、人工智能等新一代信息技术与制造业深度融合发展。

三是推动现代服务业高质量发展。加快制造业与服务业的协同发展，促进生产型制造向服务型制造转变。推动建设先进制造和现代服务深度融合示范点，促进软件与信息服务、科研服务、电商物流、文化创意、检验检测、人力资源等高端服务业态加快集聚，支持"精密装备制造＋云上解决方案"等服务型制造发展。着力补齐生产性服务业短板，以服务先进制造、智能制造为核心，大力推动科技研发服务、工业和文化创意设计、信息技术服务等领域生产性服务业专业化集聚发展。支持利用大数据、云计算等新技术改造提升传统生产性服务业供给质量，探索区块链等新技术在金融信用服务等领域的应用，推进生产性服务业向价值链高端延伸。积极扩大与港澳台的开放合作，推动财务、法律、建筑、咨询、标准化、知识产权等专业服务高端化、国际化发展。推进服务外包产业领域专业化发展，重点推动工业设计、会计、法律、业务运营等服务外包领域发展。建设高水平的生产性服务业集聚示范区和功能突出的公共服务平台，培育行业领军企业，构建产业竞争新优势。

（4）推动科技成果转移转化。加强中试验证和成果转化基地建设，打造新技术应用与迭代升级的示范场景，构建产业培育全链条服务体系。完善东莞创新生态，充分激发区域创新创业活力，深化粤港澳创新合作，打造高质量的创新创业生态区。

一是构建产业培育全链条服务体系。加强中试验证和成果转化基地建设，建设设施齐全、技术一流的中试验证平台，推动科技成果向现实生产力转化。优化推广松山湖创新创业社区建设模式，支持镇街借助城市更新盘活低效空间与用地，围绕科技成果产业化需求，建设若干"载体＋创新＋产业"的创新创业综合体。支持战略性新兴产业基地科技创新平台建设，引导高校、科研院所以及各类平台机构将服务延伸至产业基地，提供创新服务支撑。开展精准科技招商，围绕战略性新兴产业基地重点发展方向，搭建国内外知名投资机构与创新创业企业的洽谈对接网络，引进技术水平高、发展潜力大的项目和企业。打造新技术应用与迭代升级的示范场景，在风险可防可控的基础上，推进建立医疗器械注册审批及生物领域海关进口快速通道、试行数据跨境流通创新机制，为新技术应用创造更多落地使用场景，加速新技术产业化。积极在松山湖科学城、滨海湾新区、水乡新城、战略性新兴产业基地等重点区域打造人工智能应用场景，推进人工智能应用示范。

二是打造高质量的创新创业生态区。支持松山湖打造湾区一流的创新生态，打造成东莞新经济新产业培育的策源地。积极推进松山湖高新区统筹周边镇街发展，构建"高新区研发＋镇街转化"的科技产业发展新格局。强化滨海湾新区与港澳的科技创新合作，推进港澳青年创新创业基地建设。破除莞港澳间创新资源自由流动的制度障碍，建设滨海湾新区粤港澳协同发展先导区。支持滨海湾高新区建设大湾区大学科技园，聚焦数字经济、生命健康等重点领域，引进高校院所、科研机构、创新人才、产业资源，打造大湾区科技成果转化枢纽。支持水乡新城转型升级，创建省级高新区。强化广州、东莞科技创新合作，推动广州龙头企业、创新平台来水乡设立分支及开展业务，共设产业联盟、共建研发平台，打造水乡科技新城。支持银瓶合作创新区探索绿色创新发展路径，打造粤港澳生态发展创新区。

（5）强化企业创新主体地位。打造"众创空间＋孵化器＋加速器＋专业园区"的科技创新孵化链条，构建覆盖科技企业全生命周期服务育成体系。通过科研项目、平台资助和金融政策等鼓励引导企业全面创新，提升企业创新能力。构建"百强创新型企业—瞪羚企业—高新技术企业"的创新型企业梯队，打造以硬科技为主导的高端现代产业增长极。

一是建设全生命周期孵化育成体系。盘活城市空间，构建一批低成本、便利化、全要素、开放式的科技企业孵化器，推进孵化育成体系全域覆盖。加强孵化链条各环节对接，针对不同成长阶段的企业需求，打造"众创空间＋孵化器＋加速器＋专业园区"的科技创新孵化链条，建立覆盖科技企业全生命周期的孵化育成体系。完善孵化育成载体管理，对不同类型的孵化载体进行分类指导。支持孵化载体建设公共服务平台、专业化服务团队和专业化导师队伍等，为入孵企业提供专业化、定制化、精准化的创业辅导服务，提升孵化载体企业的服务能力。推进在孵企业科技成果转化，通过政策奖励等培育科技型中小企业和国家高新技术企业。

二是鼓励企业全面创新。持续引导企业完善研发活动过程管理与研发经费管理制度，实施企业研发投入后补助政策，鼓励企业持续加大研发力度，提升科技创新水平。支持龙头企业参与重大科技基础设施关键技术和设备预研项目，与大科学装置相关单位共建创新平台，使用大科学装置开展实验。鼓励大企业建立开放式创新平台，打造协同创新、资源共享、融合发展的产业生态。定期举办大中小企业融通活动，对接企业创新需求，充分发挥各自在人才、资金、技术、设备等方面的优势，共同开展技术和产品研发。

三是构建创新型企业培育梯队。实施创新型企业梯队培育工程，构建"百强创新型企业—瞪羚企业—高新技术企业"的创新型企业培育梯队。建立高新技术企业成长全链条培育体系，通过分阶段、递进式推进高新技术企业群体发展壮大。扶持瞪羚企业做大做强，支持瞪羚企业实施更高比例的研发费用后补助，支持企业通过组织、参与各类科技展会、论坛、峰会等形式扩大行业影响力。优先满足瞪羚企业以低成本入驻孵化器等产业载体，解决瞪羚企业生产空间需求。支持百强创新型企业迈向中高端，对获得国家、省重点领域研发计划项目的百强创新型企业给予配套资助，推动百强创新型企业登陆资本市场。

10.3 "珠中江惠肇"，争创国家创新型城市

10.3.1 珠海：打造珠江口西岸科技创新中心

珠海地处广东"一核""一带"交汇点，被赋予了建设区域重要门户枢

纽、新发展格局重要节点城市、创新发展先行区、生态文明新典范和民生幸福样板城市等五大战略定位，肩负建设中国特色社会主义现代化国际化经济特区、促进澳门经济适度多元发展的使命。同时，珠海作为粤港澳大湾区三个极点中的重要城市之一，在粤港澳大湾区建设中承担着重要使命，通过创建创新型城市，重点强化源头创新、产业创新、融通创新，在区域城市竞合发展中不断提升创新综合实力，力争建设成为服务珠江西岸的国家创新型城市和区域科技创新中心。

（1）加强源头创新。积极参与粤港澳大湾区综合性国家科学中心建设，强化重大科技基础设施统筹规划和系统布局，探索开展科技基础设施和科研平台的前瞻谋划，携手港澳力争新一轮国家大科学装置落户珠海，形成梯次接续、有序推进的建设格局。着力推动高水平大学建设，引进澳门高校在珠海合作办学，扩大优质高等教育资源供给，提升在珠高校的竞争力和影响力。优化学科专业布局结构，推动产教融合，支持在珠高校以珠海产业为发展需求为导向，建设一批特色鲜明、具有较强影响力的学科专业。支持高校面向重大科学和战略技术课题，牵头或参与建设科技基础设施及工程，建设服务国家重大战略和地方产业升级的科研平台，承担国家和省重大科研项目，全面提升高校创新能力，力争涌现一批重大创新成果。

（2）加强产业创新。以国家高新区为主要载体，以推动产业集群持续优化提升、加快转型升级为主线，瞄准共性关键技术与工程化、产业化瓶颈，支持关键核心技术攻关，打造一批具有竞争力的现代化产业集群。加快谋划布局新兴未来产业，构建技术、产业、应用互动融合和人才、制度、环境相互支撑的生态系统，促进技术集成、商业模式创新、产品服务创新，为珠海经济增长储备未来产业新动能，加速构建先发优势。培育壮大创新型企业梯队，以高新技术企业、科技型中小企业、高成长创新型企业（独角兽企业）、技术先进型服务企业为重点支持对象，培育具有活力的创新创业主体。建设多元化企业孵化育成体系，围绕企业"种子期—初创期—成长期"的成长需求，建设众创空间、孵化器、加速器、留学生创业园、港澳青年创新创业基地等创新创业孵化载体，加快科技型企业的孵化育成。

（3）加强融通创新。深化珠港澳科技创新合作，聚焦粤港澳大湾区国际科技创新中心建设需求，建设横琴创新合作区，推动健全科研资金跨境使用、科技成果跨境转移转化和高层次人才跨境流动机制，突破制约开放创新与合作的体制机制障碍，打造要素流动畅通、科技设施联通、创新链条融通、人员交流顺通的跨境科技合作平台。建设粤港澳人才合作示范区，加快建设国家级海外人才离岸创新创业基地，创建横琴粤澳深度合作区国际院士谷，推动创新创业就业的澳门青年享受粤澳两地扶持政策。加强大湾区创新协同，以规划建设深珠合作示范区和协同建设广州南沙粤港澳全面合作示范区、深圳前海深港现代服务业合作区、横琴粤澳深度合作区等粤港澳重大合作平台为契机，强化湾区重要极点的创新协同。

10.3.2　中山：打造国际化现代化创新型城市

中山作为大湾区重要节点城市，与广深港澳处于 1 小时交通圈，毗邻珠海、一桥直连深圳，"双区驱动"和横琴、前海两个合作区的建设为中山高质量发展提供了重大机遇。同时，作为典型的外向型城市，中山市的产业对外依存度相对较高，创新驱动发展乏力。中山要强化科技自立自强的战略支撑，深入实施创新驱动发展战略，加快粤港澳大湾区国际科技创新中心重要承载区和创新成果转化基地建设，着力打造湾区西翼创新高地，通过培育高水平创新主体和人才，强化创新平台载体建设、完善综合创新生态体系等，建设更具实力、更富活力、更有魅力的国际化现代化创新型城市。

（1）着重培育高水平创新主体和人才。强化企业创新主体地位，发挥大企业创新引领支撑作用，培育一批具有国际竞争力的创新型领军企业；持续推动高新技术企业树标提质，重点扶持创新标杆企业发展；加大企业创新扶持力度，建立覆盖科技创新企业全生命周期的政策支持体系，完善普惠性创新支持政策，促进各类创新要素向企业集聚，综合运用财政补助、研发费用加计扣除等政策，支持企业加大研发投入。建设多元化人才队伍，谋划建设中山大湾区国际人才港，引进一流战略科技人才、科技领军人才和创新团队，加强创新型、应用型、技能型人才培养；优化人才发展环境，深化人才发展体制机制改革，健全以创新能力、质量、实效、贡献为导向的科技人才评价体系，建立固定与流动、专职与兼职相结合的刚柔并济引才机制。

（2）强化创新平台载体建设。建设创新园区和平台，高标准规划建设中山科技创新园，重点建设中山光子科学中心、中山先进低温研究院等科技基础设施，打造高端科技园区；加快推进西湾重大仪器科学园、湾区未来科技城等创新平台建设。完善实验室体系，规划建设生物医药国家实验室中山基地，推动本土研究机构与国家、省实验室合作；培育省级重点实验室，推动省级以上工程实验室增量提质；与港澳建设联合实验室，引进港澳国家重点实验室科研力量到中山建设伙伴实验室。发展壮大各类研发机构，加快推动中国科学院药物创新研究院中山研究院、中国科学院大学（中山）创新中心等一批高水平新型研发机构建设，支持国内外高校院所、科研机构、世界500强企业、中央企业、知名创新型企业等来中山设立研发总部或区域研发中心。

（3）完善综合创新生态体系。加速科技成果转化应用，加快建设珠三角（中山）国家科技成果转移转化示范区，打造粤港澳大湾区国际科技创新中心的创新成果产业化基地。加快形成"企业家＋技术专家＋现代产业园"的科技创新成果转化应用模式。引进建设技术转移中心，谋划建设科技成果转化中试熟化服务平台。出台促进技术交易和科技服务业发展的政策措施，开展科技成果转化政策改革试点。加强科技创新保障体系建设，推进重大科技基础设施、重大科技创新平台、科技园区等建设，在建设规划、用地审批、资金安排、人才政策等方面给予重点支持。完善科研管理机制，调整优化科技计划体系，全面梳理和优化科技资助政策，强化财政投入绩效要求和使用效益。

10.3.3　江门：打造湾区国际科技创新中心重要承载区

"十四五"时期，江门担负着打造珠江西岸新增长极和沿海经济带江海门户的历史使命，将进入加快发展的窗口期、上升期、黄金期。江门要坚持创新在现代化建设全局中的核心地位，深入实施创新驱动发展战略，统筹推进国家创新型城市与珠三角（江门）国家自主创新示范区建设，主动对接广深港、广珠澳科技创新走廊，着力提升自主创新能力，进一步激发企业创新发展活力，促进创新人才集聚，深化科技创新体制改革，增强创新体系整体效能，加快打造粤港澳大湾区国际科创中心重要承载区。

（1）提升创新基础能力。积极参与国家、省重大科技基础设施集群建设，加快推进江门中微子实验站建设运行。加快基础科学平台建设，争取粤港澳大湾区人类重大疾病大动物模型联合创新基地纳入省实验室体系。引进国内外重点高校和科研院所在江门建设分校或分支机构。依托重点实验室和创新平台，开展前沿领域基础性研究。重点围绕战略性支柱产业和战略性新兴产业集群，开展共性关键技术联合攻关。全面提升五邑大学推动地方经济发展科技支撑能力，持续推进数字光芯片联合实验室、江门市大健康国际创新研究院、江门市海洋创新发展研究中心等平台建设，强化平台的共性技术研发、中试、应用示范等功能。创建大学科技园，促进科技成果转化、高新技术企业孵化和创新创业人员培养。

（2）充分激发企业创新活力。提升企业科技创新能力，支持企业开展共性关键技术联合攻关，加大研发投入，支持企业创建国家级研发机构、海外研发机构和设立跨区域研发平台。培育壮大科技企业规模，实施高新技术企业提质增量行动，实施制造业企业"倍增计划"，培育一批"隐形冠军""单项冠军"企业。推进企业梯度发展，打造"入孵企业—科技型中小企业—高新技术企业"科技型企业培育体系。支持高新区加快创新平台建设，围绕主导产业集聚发展高新技术产业，打造一批行业龙头企业、双创主导企业，全力推进产业转型升级。支持江门国家高新区争先进位、扩容提质，加快翠山湖、鹤山等省级高新区建设，推动台山工业新城、恩平工业园等加快创建省级高新区，依托高新区培育龙头企业。

（3）发挥"侨都"特色，打造创新人才高地。加快推进江门人才岛建设，发挥招才引智作用。发挥"侨梦苑"国家级平台优势，支持华侨华人和港澳青年在江门创新创业。发挥"联络五邑"海外服务工作站和全国博士后创新（江门）示范中心国际孵化基地的枢纽作用，"以侨引侨""以侨引资""以侨引智"，引进境外先进技术、优秀人才到江门创新创业。创新人才柔性引进方式，通过科技特派员、高校博士进企业、海外工程师、短期工作和双聘等方式，开展人才引进与合作。强化人才服务保障，规划建设粤港澳大湾区"院士村"，为高层次人才搭建学术研究和成果转化平台，打造粤港澳大湾区首个院士专家服务基地。通过"520 人才节""高层次人才江门行""侨都菁英"等高端人才交流活动，提升人才交流对接平台的国际影响力。发挥本地人才服务机构作用，建立高层次人才创新服务数据平台和制造业人才地图，为企业和人才提供全链条的创新创业服务。

10.3.4　惠州：打造广东创新支撑高质量发展新增长极

"十四五"时期，惠州提出要着力打造珠江东岸新增长极，实现经济社会高质量跨越式发展。要进一步突出创新在推动高质量跨越式发展中的核心地位，深入实施创新驱动发展战略，深度融深融湾，加快集聚创新资源要素，培育创新型产业和企业，构建良好的创新生态环境，推动产业创新和科技创新共同发展，加快形成以创新为主要引领和支撑的产业体系和发展模式，建成具有示范引领带动作用的创新型城市。

（1）加快创新资源要素集聚。加快大科学装置建设，依托大科学装置，组建相关领域前沿科学交叉研究平台、新型研发机构和国际科技合作平台，引进和培养学科带头人、顶尖科技创新团队和国际领军人才，吸引高端创新资源集聚，为建设创新型城市提供科技设施依托、创新人才摇篮和创新技术源头。搭建高水平技术创新平台，鼓励政府、科研机构和企业共建政产学研一体化的新型研发机构，鼓励大中型企业建立各类研发机构，强化创新平台对产业和企业的支撑带动作用。发挥本地高校院所的创新支撑作用，推动惠州学院优化学科和专业结构，推进前沿学科建设，搭建新兴交叉科学研究平台，推动其与各县（区）共建"一县（区）一特色产业学院"，支撑本地产业创新发展。同时，大力发展本地高职院校，引导职业学校、技工院校加强与产业企业对接，在技术攻关、技能人才培养方面提供支撑。

（2）培育创新型产业和企业。拓展创新型产业空间载体，依托仲恺高新区承接高端产业和创新资源，打造一流国家高新区。推动"2＋1"产业集群创新发展①，围绕电子信息、石化能源新材料、生命健康产业，加快关键领域技术攻关，提升优势主导产业核心竞争力。加大对未来产业的战略研究，在人工智能、核技术应用、生物医药等未来关键领域抢占先机、开展研发布局，谋划布局先进材料、人工智能、生命健康等未来产业新业态。培育创新型企业集群，完善高新技术企业政策，大力引进和培育高新技术企业，持续推动高新技术企业"树标提质"。建立"专精特新"中小微企业培育库，加大科技型中小企业普惠性支持，推动更多科技型中小企业增效益、上规模，打造行业"单项冠军""隐形冠军""独角兽"。

（3）优化创新生态环境。完善创新政策体系，加强政策统筹设计，推动创新政策的协调和衔接，建立创新政策审查和调整机制。深化科技体制改革，改进科技项目组织管理方式，优化整合各类科技计划（专项），推行项目攻关"揭榜挂帅制"、项目评审"主审制"、项目经费"包干制"等新型科研组织新模式。完善创新人才评价和激励机制，实施项目评审、人才评价、机构评估"三评"联动改革，破除"唯论文、唯职称、唯学历、唯奖项"倾向，构建以创新能力、质量、实效、贡献为导向的创新人才评价体系。健全创新激励和保障机制，加快形成充分体现创新要素价值的收益分配机制。完善试错容错纠错机制，营造崇尚创新的社会氛围，弘扬科学精神。

10.3.5　肇庆：打造粤港澳大湾区创新产业重要承载地

肇庆作为粤港澳大湾区主体城市，要积极参与粤港澳大湾区国际科技创新中心建设，对接珠三角核心区"创新源"，加快构建"广深港澳研发孵化—肇庆加速产业化"的创新协作发展格局，主动引进大湾区核心城市高端产业和创新资源落地转化，打造以肇庆高新区、肇庆新区为引领的粤港澳大湾区创新产业重要承载地，努力创建国家创新型城市。

（1）加快建设科技产业创新平台。推动肇庆高新区加快建设珠三角（肇庆）国家自主创新示范区、国家科技成果转移转化示范区，建设创新驱动发

---

① "2+1"产业集群，即电子信息、石化能源新材料和生命健康产业集群。

展的示范区和高质量发展的先行区，加快建设高新区科学园，打造园区科技创新的核心载体。推动肇庆新区加快发展电子信息、智能制造等高新技术产业，引进战略性新兴产业项目，加强承接大湾区科研成果，建设高水平科技创新成果孵化转化基地，加快港澳青年创新创业基地建设，建设粤港澳生态科技产业园；谋划建设大湾区—大西南科技产业园，积极引进大西南地区企业建立大湾区总部，打造粤港澳大湾区连接大西南创新资源的桥头堡。加强创新创业平台建设，加快建设岭南现代农业科学与技术广东省实验室肇庆分中心，推进肇庆学院国家大学科技园建设，全力打造"众创空间—孵化器—加速器"完整的创业生态链和服务体系。

（2）着力培育创新主体。实施高新技术企业倍增行动，持续抓好高新技术企业培育、孵化和引进，完善"科技型中小企业—市高新技术企业—国家高新技术企业"梯次培育机制，加快形成高新技术企业集群发展效应，夯实高新技术产业基础。培育创新型领军企业，遴选科技领军企业，通过金融扶持、人才集聚、供地保障、教育资源分配等措施，推动领军企业做大做强。发展壮大科技型中小企业，实施科技型中小企业技术创新计划，加大财政支持力度，利用风险补偿基金等金融扶持措施，支持科技型中小企业开发新产品、新工艺和新技术，培育一批"专精特新"中小企业，完善孵化育成体系建设，持续提高在孵企业中的科技型中小企业占比，扩大科技型中小企业培育的源头活水。

（3）积极承接外部创新资源。推动科技产业资源在肇庆落地转化，依托科技园区和特色产业园区，主动承接粤港澳核心区高端产业辐射外溢，深化与大湾区城市在产业发展、技术攻关、创业孵化、科技金融、成果转化等领域的协同创新，加快形成"广深港澳研发孵化—肇庆加速、肇庆落地"的创新协作、错位发展新模式，助力打造大湾区西部制造新城。加强产学研合作，重点支持粤港澳大湾区高校、科研院所与肇庆企业开展产学研合作，鼓励企业与高校、科研机构建立多种形式的产学研合作关系，共建产业技术创新联盟、联合实验室和联合技术中心，打造统一开放、竞争有序的产学研协同创新网络。

参 考 文 献

[1] 邹燕. 创新型城市评价指标体系与国内重点城市创新能力结构研究 [J]. 管理评论, 2012, 24 (6): 50 – 57.

[2] 杨冬梅, 赵黎明, 闫凌州. 创新型城市: 概念模型与发展模式 [J]. 科学学与科学技术管理, 2006 (8): 97 – 101.

[3] 贺莉. 创新型城市指标体系与评价方法研究 [D]. 武汉: 武汉理工大学, 2007.

[4] 郄海拓, 张志娟, 陈雪迎. 国内外创新型城市分类研究——基于科技创新政策决策角度 [J]. 全球科技经济瞭望, 2020, 35 (9): 60 – 67.

[5] 韩瑾. 创新型城市的内涵特征及发展路径 [J]. 浙江工商职业技术学院学报, 2007 (1): 5 – 8.

[6] 陈潇潇, 安同良. 基于地方政府视角的创新型城市建设比较及启示 [J]. 经济问题探索, 2016 (8): 76 – 82.

[7] 魏亚平, 贾志慧. 创新型城市创新驱动要素评价研究 [J]. 科技管理研究, 2014, 34 (19): 1 – 5 + 20.

[8] 叶帆. 创新型城市的构建要素与实现路径 [J]. 福州党校学报, 2006 (2): 49 – 52.

[9] 夏天. 创新驱动过程的阶段特征及其对创新型城市建设的启示 [J]. 科学学与科学技术管理, 2010, 31 (2): 124 – 129.

［10］马有才，刘红，王燕．创新型城市建设的路径选择［J］．中国集体经济，2013（9）：33-35．

［11］杨冬梅．创新型城市的理论与实证研究［D］．天津：天津大学，2006．

［12］陈志刚，周丹．创新型城市发展阶段与形态的划分［J］．现代商业，2008（23）：115．

［13］王兵兵，魏达志．国际创新城市的横向比较、发展模式与启示借鉴［J］．市场论坛，2013（9）：23-26．

［14］许爱萍．创新型城市发展模式及路径研究［D］．天津：河北工业大学，2013．

［15］中国科学技术信息研究所．国家创新型城市创新能力评价报告［M］．北京：科学技术文献出版社，2019．

［16］苏雪串，何继伟，高菲菲．创新型城市理论演变及其启示［C］．全国经济管理院校工业技术学研究会，2012．

［17］毛艳华，姚华松．创新型城市理论研究的发展［J］．城市观察，2014（3）：13．

［18］冯伟．城市发展模式研究：以我国副省级城市为例［J］．产经评论，2010（4）：112-121．

［19］邹德慈．构建创新型城市的要素分析［J］．中国科技产业，2005（10）：3．

［20］马俊如．国家创新体系建设战略研究组．2010国家创新体系发展报告：创新型城市建设［M］．北京：科学出版社，2011．

［21］王德起．城市群发展中产业用地结构优化研究——一个逻辑机制框架［J］．城市发展研究，2013，20（5）：9．

［22］林挺进，宣超．中国新型城镇化发展报告2015［M］．北京：北京大学出版社，2015．

［23］崔新蕾，刘欢．国家创新型城市设立与区域创新能力［J］．科研管理，2022，43（1）：32-40．

［24］唐清泉，赵婷，秦天．创新驱动促进区域经济协同发展研究——

乐山创建省级创新型城市实践［J］. 决策咨询，2021（6）：74－78.

［25］种照辉，曾永，郑慕强. 国内外典型区域创新中心建设经验研究［J］. 特区经济，2021（6）：101－104.

［26］张宏远，朱国军，万玉鑫. 上海和香港城市创新力的比较研究［J］. 江苏海洋大学学报（人文社会科学版），2020，18（6）：123－131.

［27］郑烨，陈笑飞，孙淑婕. 中国创新型城市研究历经了什么？——创新型国家建设以来的文献回顾与反思［J］. 中国科技论坛，2020（8）：88－97＋109.

［28］赵志耘. 创新型城市建设成效显著［J］. 科技中国，2020（2）：1－3.

［29］董伟. 德国鲁尔工业区创新发展经验及对吉林省经济转型的启示［J］. 北华大学学报（社会科学版），2018，19（5）：100－106.

［30］廖晓东，袁永，胡海鹏，等. 新加坡创新驱动发展政策措施及其对广东的启示［J］. 科技管理研究，2018，38（10）：53－59.

［31］朱凯. 波士顿都市圈规划的创新演绎路径——以 Metro Future 规划为蓝本的创新型都市圈发展解析［C］. 持续发展 理性规划——2017 中国城市规划年会论文集（16 区域规划与城市经济），2017：1058－1069.

［32］杨辉. 资源型城市转型发展中的政府举措——以德国鲁尔工业区为例［J］. 中北大学学报（社会科学版），2016，32（4）：58－61.

［33］薄建柱，曹杰，司福利. 创新型城市建设模式分析［J］. 商业时代，2013（33）：20－21.

［34］陈搏. 国内外创新型经济建设模式比较研究［J］. 经济研究导刊，2013（23）：11－14.

［35］曾国屏，李平，邓华. 加快创建国家创新型城市推进国际先进城市建设［J］. 科学与管理，2012，32（4）：25－30.

［36］詹正茂，田蕾. 新加坡创新型城市建设经验及其对中国的启示［J］. 科学学研究，2011，29（4）：627－633.

［37］齐瑞福，孙东川．香港科技创新的发展战略研究［J］．企业活力，2007（9）：68－69．

［38］李晟晖．德国鲁尔区产业结构调整对我国矿业城市的启示［J］．国土经济，2002（9）：44－46．

［39］白俊红，张艺璇，卞元超．创新驱动政策是否提升城市创业活跃度——来自国家创新型城市试点政策的经验证据［J］．中国工业经济，2022（6）：61－78．

［40］高燕，张书文．杭州：推进"双创"高质量发展，聚力打造全国"双创"示范城［J］．杭州，2021（22）：6－11．

［41］张扬．创新型城市试点政策提升了科技人才集聚水平吗——来自240个地级市的准自然实验［J］．科技进步与对策，2021，38（12）：116－123．

［42］胡兆廉，聂长飞，石大千．鱼和熊掌可否得兼？——创新型城市试点政策对城市产业集聚的影响［J］．产业经济研究，2021（1）：128－142．

［43］徐换歌，蒋硕亮．国家创新型城市试点政策的效果以及空间溢出［J］．科学学研究，2020，38（12）：2161－2170．

［44］胡兆廉，石大千，司增绰．创新型城市能否成为产业结构转型的"点睛之笔"——来自国家创新型城市试点建设的证据［J］．山西财经大学学报，2020，42（11）：70－84．

［45］陈晨，张广胜．国家创新型城市政策、高端生产性服务业集聚与地区经济高质量发展［J］．财贸研究，2020，31（4）：36－51．

［46］黎晓春，常敏．数字经济时代创新型城市发展的动力变革和路径优化研究［J］．治理研究，2020，36（1）：93－99．

［47］李进华，耿旭，陈筱淇，等．科技创新型城市科技成果转移转化政策比较研究——基于深圳、宁波政策文本量化分析［J］．科技管理研究，2019，39（12）：29－37．

［48］王立军．国家级双创示范基地建设的经验与启示——以杭州未来科技城为例［J］．杭州科技，2019（2）：16－21．

［49］施勇峰．杭州"双创示范"：打造小微企业创新创业新天堂［J］．杭州科技，2019（1）：20 - 23．

［50］杨思莹，李政，孙广召．产业发展、城市扩张与创新型城市建设——基于产城融合的视角［J］．江西财经大学学报，2019（1）：21 - 33．

［51］刘刚，王宁．突破创新的"达尔文海"——基于深圳创新型城市建设的经验［J］．南开学报（哲学社会科学版），2018（6）：122 - 133．

［52］王保乾，罗伟峰．国家创新型城市创新绩效评估——以长三角地区为例［J］．城市问题，2018（1）：34 - 40．

［53］邹兵．国家创新型城市发展中的规划作用——兼论深圳产业布局规划的思路演变与实施成效［J］．城市规划，2017，41（4）：41 - 48．

［54］杭州市两创示范工作领导小组办公室．杭州"两创示范"经验做法案例展示［J］．杭州科技，2017（1）：10 - 18．

［55］辜胜阻，杨嵋，庄芹芹．创新驱动发展战略中建设创新型城市的战略思考——基于深圳创新发展模式的经验启示［J］．中国科技论坛，2016（9）：31 - 37．

［56］江育恒，赵文华．研究型大学助推创新型城市建设的路径初探——来自华盛顿大学的经验借鉴［J］．中国高教研究，2016（7）：73 - 79．

［57］邓智团．创新型企业集聚新趋势与中心城区复兴新路径——以纽约硅巷复兴为例［J］．城市发展研究，2015，22（12）：51 - 56．

［58］陈峰燕．国外创新型城市的建设实践及启示［J］．中国集体经济，2014（34）：158 - 160．

［59］朱凯，胡畔，王兴平，等．我国创新型都市圈研究：源起与进展［J］．经济地理，2014，34（6）：9 - 15 + 8．

［60］吴素春．创新型城市内部企业 R&D 模式与创新绩效研究［J］．科研管理，2014，35（1）：33 - 40．

［61］刘硕，李治堂．创新型城市建设国际比较及启示［J］．科研管理，

2013，34（S1）：58 – 64.

　[62] 邹乐乐，伏虎，皮磊，等．海外创新型城市构建中的治理转型及对我国的启示 [J]．中国软科学，2013（10）：96 – 100.

　[63] 牛欣，陈向东，张古鹏．典型创新型城市创新特征对比研究 [J]．科技进步与对策，2013，30（19）：34 – 40.

　[64] 李靖华，李宗乘，朱岩梅．世界创新型城市建设模式比较：三个案例及其对上海的启示 [J]．中国科技论坛，2013（2）：139 – 146.

　[65] 马海涛，方创琳，王少剑．全球创新型城市的基本特征及其对中国的启示 [J]．城市规划学刊，2013（1）：69 – 77.

　[66] 王晓珍，任瑜．市场导向创新型城市建设模式和经验研究——以美国硅谷为例 [J]．商品与质量，2011（S8）：10.

　[67] 詹正茂，田蕾．新加坡创新型城市建设经验及其对中国的启示 [J]．科学学研究，2011，29（4）：627 – 633.

　[68] 王程韡．反思创新型城市：以印度硅谷班加罗尔为例 [J]．科学学研究，2011，29（4）：634 – 640 + 618.

　[69] 钱维．创新型城市发展道路——美国典型城市转型经验和启示 [J]．改革与开放，2011（4）：16 – 19.

　[70] 赵峥．国外主要创新型城市发展实践与借鉴 [J]．决策咨询，2011（1）：87 – 92.

　[71] 朱孔来，张莹，花迎霞，等．国内外对创新型城市评价研究现状综述 [J]．技术经济与管理研究，2010（6）：7 – 12.

　[72] 胡钰．创新型城市建设的内涵、经验和途径 [J]．中国软科学，2007（4）：32 – 38 + 56.

　[73] 刘红光，刘科伟，张继飞．国外推进自主创新的政策模式及其对我国建设创新型城市的启示 [J]．科学学与科学技术管理，2006（11）：16 – 21.

　[74] 李英武．国外构建创新型城市的实践及启示 [J]．前线，2006（2）：49 – 51.

　[75] Ray G, Kobayashi K. 创新性城市：对概念和政策的元分析（英

文）[C]. 北京论坛（2010）文明的和谐与共同繁荣——为了我们共同的家园：责任与行动："构建和谐的世界城市"政府管理分论坛论文或摘要集，2010.

[76] Hollands, Robert G. Will the real smart city please stand up? [J]. City, 2008, 12 (3): 303 – 320.

[77] Evans G. Creative Cities, Creative Spaces and Urban Policy [J]. Urban Studies, 2009, 46 (5 – 6): 1003 – 1040.

[78] Pratt A C. Creative Cities: Tensions within and between social, Cultural and Economic Development: A Critical Reading of the UK Experience [J]. Research on Marxist Aesthetics, 2011, 1 (1): 13 – 20.

[79] Wong P K, Ho Y P, Singh A. Singapore as an Innovative City in East Asia: An Explorative Study of the Perspectives of Innovative Industries [R]. World Bank Policy Research Working Paper 3568, 2005.

[80] Chen S, Karwan K. Innovative Cities in China: Lessons from Pudong New District, Zhangjiang High-tech Park and SMIC Village [J]. Innovation-Management Policy & Practice, 2008, 10 (2 – 3): 247 – 256.

[81] Florida R. Who's Your City? [M]. Perseus, 2009.

[82] Florida R. Cities and the Creative Class [J]. City & Community, 2003, 2 (1): 3 – 19.

[83] Wace, Jb A. Cities in Civilization [M]. Kennikat Press, 1969.

[84] Ratiu, Dan E. Creative Cities and/or Sustainable Cities: Discourses and Practices [J]. City Culture & Society, 2013, 4 (3): 125 – 135.

[85] Komninos, Nicos. Intelligent Cities: Towards Interactive and Global Innovation Environments [J]. International Journal of Innovation & Regional Development, 2009, 1 (4): 62 – 67.

[86] Florida R. Toward the Learning Region [J]. Futures, 1995, 27 (5): 527 – 536.

[87] Sasaki M. Urban Regeneration through Cultural Creativity and Social Inclusion: Rethinking Creative City Theory Through a Japanese Case Study [J].

Cities, 2010, 27 (suppl. 1): S3 – S9.

[88] Redaelli E. Analyzing the "Creative City" Governance: Relational Processes in Columbus, Ohio [J]. City Culture & Society, 2011, 2 (2): 85 – 91.